奥州藤原氏の謎

中江克己
katsumi nakae

歴史春秋社

奥州藤原氏の謎

目次

本書は、『奥州藤原王朝の謎』（河出書房新社　一九九三年八月四日発行）に、加筆・訂正を加えたものです。

プロローグ

奥州平泉といえば、松尾芭蕉《まつおばしょう》のつぎの句が思い浮かぶ。

「夏草や兵《つわもの》どもが夢の跡」

なかには、兄の頼朝《よりとも》に追われた義経《よしつね》が平泉の高館《たかだち》で最期を遂げたとか、頼朝軍の攻撃におそれをなした泰衡《やすひら》が自ら火を放って平泉を炎上させる、というエピソードを思い出す人もいるだろう。芭蕉が平泉を訪れたとき、平泉は廃墟となってすでに五百年もたっている。まさに平泉は「夢の跡」だった。


しかし、全盛期の平泉は、当時のわが国では京都につぐ第二の大都市だった。奥州藤原氏が莫大な財力をつぎこんで築いた平泉。そこには黄金の文化が花開き、多くの人びとで賑わっていた。平泉に都市を建設したのは藤原清衡《ふじわらきよひら》だが、その後、二代基衡《もとひら》や三代秀衡《ひでひら》によって整備され、秀衡の代にピークを迎えた。こうして平泉に開かれた「奥州藤原王国」は、ざっと百二十年もつづく。古代から中世へと移行する時代のことである。

当然のことだが、清衡が突如として平泉に「奥州藤原王国」を開いたのではなく、前史がある。十一世紀後半、この地の支配をめぐって、二つの大きな合戦が起こった。前九年合戦《ぜんくねんかっせん》、後三年合戦《ごさんねんかっせん》である。清衡は前九年合戦のさなかに生まれ、後三年合戦で勝ち残り、奥羽の支配者になった。

そのころ、陸奥には安倍氏という豪族がいて、「奥六郡」を支配していた。奥六郡とは北上川流域の胆沢《いさわ》、江刺《えさし》、和賀《わが》、稗貫《ひえぬき》、志波《しわ》、岩手《いわて》の六郡である。この地域は特別行政区とされ、胆沢鎮守府が統括していたものの、実際には奥六郡の郡司、安倍氏が行政を担当した。奥六郡とその南に広がる中央政府の直接支配地との境界は北上川の支流、衣川《ころもがわ》になっていた。

安倍氏は忠頼《ただより》―忠良《ただよし》―頼時《よりとき》（当初は頼良《よりよし》）とつづく東夷《とうい》の酋長《しゅうちょう》だが、頼時はその衣川を越えて、勢力を南へ広げようとする。そこで陸奥国守藤原登任《なりとう》は、秋田城介《あきたじょうのすけ》平重成《しげなり》を先鋒にそれを阻もうとして衝突し、前九年合戦がはじまる。この合戦

藤原四代関係の略系図

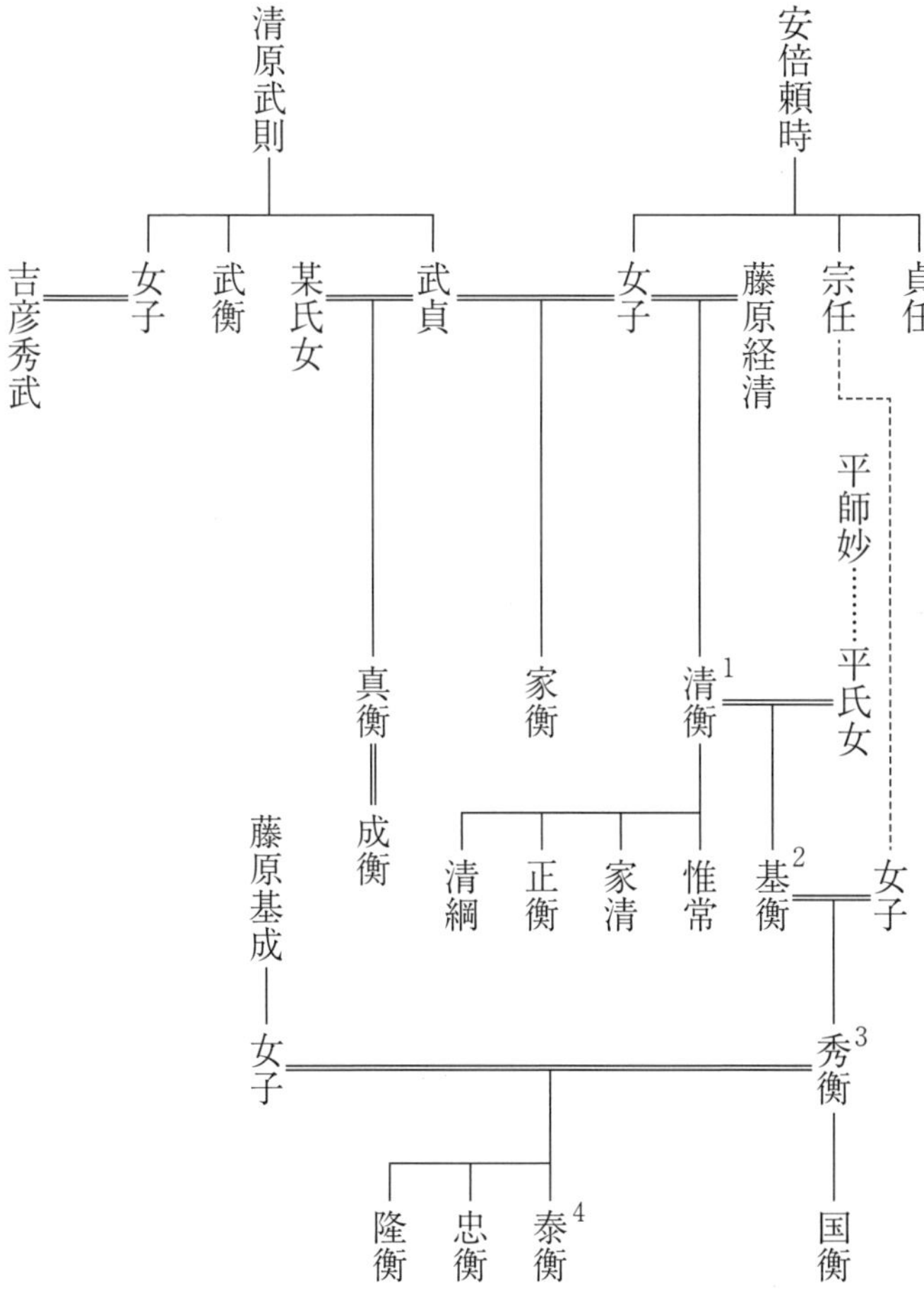
清原武則
安倍頼時
吉彦秀武
女子
武衡
某氏女
武貞
女子
藤原経清
宗任
貞任
平師妙
平氏女
真衡
成衡
家衡
清衡 1
藤原基成
清綱
正衡
家清
惟常
基衡 2
女子
女子
秀衡 3
隆衡
忠衡
泰衡 4
国衡

は永承五年（一〇五〇）から康平五年（一〇六二）まで、十二年間もつづくのだ。

衝突がはじまった翌年、源頼義《よりよし》が陸奥守に任命され、鎮圧するため陸奥へ赴く。こうして戦乱は拡大するが、激戦のさなかに、頼時は流れ矢に当たって戦死。頼時の子、貞任《さだとう》が一族をまとめて応戦し、頼義軍を撃ち破る。安倍貞任軍の勝利で終わるかに見えたが、頼義は出羽の豪族、清原武則《きよはらのたけのり》を説得して味方につけ、反撃していくのである。

さすがの貞任軍も清原軍の参戦によってあえなく敗れてしまう。この結果、清原武則は鎮守府将軍に任じられ、安倍氏の旧領である奥六郡を支配下におさめ、陸奥・出羽での最高実力者となった。

この前九年合戦で、清衡の父、藤原経清《つねきよ》は頼時の女婿であったことから、安倍軍として戦う。だが、安倍氏の滅亡とともに捕えられ、斬首されたのである。一方、経清の妻は子の清衡をつれ、清原武則の子、武貞《たけさだ》と再婚。武貞にはすでに先妻とのあいだに真衡《さねひら》という嫡子がいたが、清衡の母は再婚後、家衡《いえひら》という弟を産んだ。

しばらく平穏がつづいたものの、武貞が一族を臣下のように扱ったため、不満が

都市平泉推定復元図

（「平泉 よみがえる中世都市」岩波書店 1992年発行より転載、作成・斉藤利男）

高まり、前九年合戦から約二十年後、後三年合戦が起こる。これは清原家の内紛で、当初は真衡と清衡・家衡連合軍が争う。しかし、真衡が敗れて結着がつくと、つぎに清衡と家衡とが争い、結局は清衡が勝ち残る。こうして清衡は、安倍―清原の遺産を引き継ぎ、東北の覇者となったのである。

本書では「奥州藤原王国」という名称を使っているが、しかしこれは、中央政府から完全に独立した「国家」を意味するものではない。あたかも「王国」のように見える独自性はもっていたが、あくまでも中央政府の支配内のことだった。

ただ中央政府としては、陸奥特産の黄金や馬などの貢賦《こうふ》がスムーズに行なわれていれば、あとは地元の自治にまかせるという態度で、独自性を黙認していたのである。ところが、平氏を滅ぼし、全国に守護や地頭を設置、幕府の実体を築いた源《みなもとの》頼朝《よりとも》はその自治を否定して、平泉を攻撃、奥州藤原氏を滅亡に追い込んだ。頼朝がめざした全国支配の体制づくりに、平泉はのみこまれてしまったといっていい。

先にも述べたように、全盛期の平泉はわが国第二の大都市で、人口は十万人を超えていた、と推定されている。鎌倉が都市として姿を現わすのは、もう少しあとのことだ。

つまり、当時のわが国は、京都文化圏と平泉文化圏とに二分されていたわけである。むろん、平泉文化圏は京都で発達した仏教文化、貴族のあいだに定着した奢侈文化の影響を強く受けた。しかし、それはたんに模倣するというのではなく、京都を超えようとする意欲と北方らしさが混じりあい、金色堂にみられるような独自の平泉文化を生み出した。

当時、奥州藤原氏の支配地は白河以北の陸奥と出羽の二国で、現在の東北地方のほぼ全域にあたる。十世紀初頭、日本の総人口は約七百万人とされ、この陸奥と出羽には三十六、七万人が住んでいたという。

京都から見れば、野蛮な人びとが住む辺境というイメージが強かったようだが、実際にはさまざまな産業があり、文化も栄えていたのである。

では平泉とは、どのような都市だったのか。これを知る資料は少ないが、たとえば『吾妻鏡《あずまかがみ》』には秀衡館《ひでひらのたち》（政府）やその周辺について、つぎのように記されている。

「金色堂の正方、無量光院の北に並べて、宿館《しゅくかん》（平泉館《ひらいずみのたち》と号す）を構う。西木戸に嫡男国衡《くにひら》の家あり。同四男隆衡《たかひら》の宅これに相並ぶ。三男忠衡《ただひら》の家は泉屋《いずみや》の東にあり。無量光院の東門に一郭（加羅《から》御所と号す）を構う。秀衡の常の居所なり、泰衡《やすひら》これを相継ぎて居所となす」

さらに「観自在王院の南大門の南北路、東西より数十町に及びて、倉町を造り並べ、また数十宇の高屋を建て、同院の西南北に数十宇の車宿《くるまやどり》あり」という記述もある。

倉町とは倉庫や職人の工房が集中する地域だが、高屋は高くて立派な町屋である。車宿は荷車などの車庫であり、休息所だ。この観自在王院の南大門の南北路は奥大道の一部で、平泉のメインストリートだったと考えられている。

つまり、奥州藤原氏の政庁である平泉館を中心に、その南に居所である加羅御所（伽羅御所《きゃらのごしょ》）があり、付近に息子たちの屋敷が建ち並ぶ。さらに南方に倉庫が集中する地域や運送業者の地域があり、メインストリートには高屋が連なっていたわけだ。

西には中尊寺や毛越寺などの寺院が甍《いらか》を競っている。これはあくまでも平泉の中枢部で、多くの庶民で賑わう町場は、平泉から衣川を渡った北の衣川地区にあった。もっとも詳細については、まだまだ不明のことが多い。たとえば、平泉館がどこにあったのか、正確にわからなかった。しかし、昭和六十三年（一九八八）からはじまった柳之御所《やなぎのごしょ》跡の発掘調査によって、この場所に平泉館があったという意見が有力になった。

その全貌については、今後の調査をまたなければならない。ただ、すでに大規模な堀、園地、建物跡などのほか、土器や陶器などが多数出土しており、当時の様子を知る貴重な手がかりを提供している。

平成二年（一九九〇）、柳之御所遺跡の井戸跡から墨書折敷《ぼくしょおしき》が発見されたが、そのなかに寝殿造の建物が対《つい》になって描かれたものがあった。折敷は片木《へぎ》（杉や檜の材を薄く剝いだ板）を折りまげて四方を囲んだ盆で、食器や神撰《しんせん》などをのせるのに用いるものだが、この折敷の底板に当時の高級住宅が描かれていたのである。

寝殿造は唐の影響を受け、日本的につくり変えた建築様式で、のちに開放的な和風住宅の基本となった。九世紀から十世紀ごろには、貴族の邸宅は寝殿造でつくられるようになったが、平泉にも同じような寝殿造の邸宅が建てられていたわけだ。

このように平泉の文化度は京都にも劣らぬものだったが、頼朝軍に攻められた四代泰衡《やすひら》によって、あえなく炎上してしまう。奥州藤原氏の百二十年におよぶ歴史に、いったい何があったのか。それを記してみよう。

第一章　奥州の戦乱

「陸奥」「奥六郡」とはどんなところか

「みちのく」は「陸奥《むつ》の国」の古称だが、「みちのく」という言葉は、日本人の心情に訴えるものがあるらしく、よく歌謡曲などにも使われる。日本人には情緒的な面で、北方志向があるからだろうか。

奥州藤原氏は、この「みちのく」に勢力を張り、平泉に独特の文化を築き上げた。藤原氏や平泉についてはおいおい述べるとして、まずなぜこの地域が「みちのく」と呼ばれたのか、について話をはじめる。

中央政府が大宝律令を完成させたのは、大宝《たいほう》元年（七〇一）のことである。律令のねらいは全国の土地と人民を直接支配する体制をつくりあげることだった。大宝律令の完成によって中央集権的な支配の基礎が固まったわけだが、日本全国を六十七国にわけ、それを五畿七道といわれる地域ブロックに編成した。

五畿とは、山城、大和、摂津、河内、和泉の五か国だが、これは「畿内《きない》」ともいい、いわば都を含む特別行政区だった。七道は東海道、東山道、北陸道、山陽道、山陰道、南海道、西海道で、畿内を中心とし、京都から通じる道路によって、全国を大別したわけである。地方は国、郡、里の行政単位にわけられ、中央から国司が派遣される、という仕組みになっていた。

したがって東海道や東山道、北陸道など、七道のどの道筋を進んでも中央政府の政治的支配がおよんだ。つまり「道」とは「国」のことで、政治的に組織された地域を指したのである。

さて陸奥国だが、当初は「道奥国」と書かれた。つまり「みちのおくのくに」で、中央政府の政治的支配がおよばず、国にもなりえない国だから「道の奥」と称された。いいかえれば、国土の果てとされたのである。この「みちのおくのくに」がつまって「みちのくのくに」となり、さらに「みちのく」となった。

陸奥国が成立したのは七世紀ごろのことだが、国ができたとはいえ、ほとんど形のみで、中央政府の支配化が完成したわけではなかった。

あくまでも中央からみると、陸奥は「道の奥の国」、すなわち「国の外」でしかない。

たしかに当時、京の人びとにとっては、坂東《ばんどう》（関東）でさえ遠い国であったから、坂東よりさらに北方の陸奥といえば、まさに外国のようなものだったのである。

しかし、中央政府は支配力を強めようとして、八世紀から九世紀にかけて盛んに軍隊を送り込んだ。神亀《じんき》元年（七二四）には、その拠点として多賀城《たがじょう》（宮城県多賀城市）を築き、陸奥国府と鎮守府《ちんじゅふ》を置く。鎮守府というのは、中央政府が特別に陸奥国に設置した蝦夷《えみし》征服のための官庁だ。

延暦《えんりゃく》二十一年（八〇二）にはさらに北上し、坂上田村麻呂《さかのうえのたむらまろ》が胆沢城《いさわじょう》（岩手県水沢市）を築いて、鎮守府をここに移した。その後、胆沢城の北方に志波城《しわじょう》（岩手県盛岡市）を築くなど、中央政府の支配地を北へ広げていったのである。

中央政府がそれほど陸奥の支配化に熱心だった理由は、陸奥に金山があると知れたからだ。採金のために多くの人びとが陸奥に流れ込む、ということもあって、中央政府は一刻も早く支配化を完成させようとした。

このため、とくに陸奥には「奥郡《おくぐん》」という制度を設けた。これは固定したもので

「奥六郡」の図

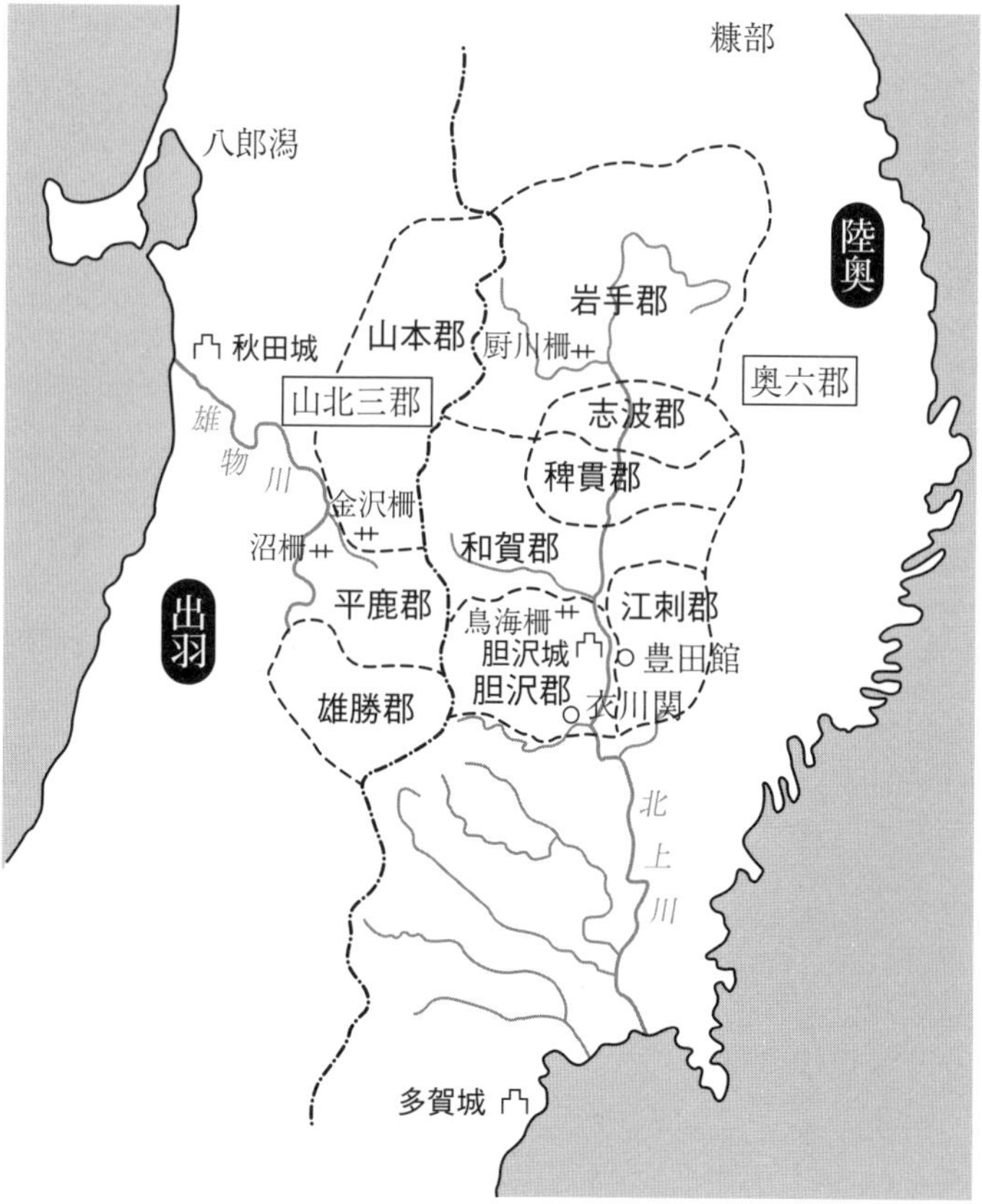
糠部
八郎潟
陸奥
岩手郡
山本郡
厨川柵
秋田城
奥六郡
山北三郡
志波郡
雄物川
稗貫郡
金沢柵
沼柵
和賀郡
出羽
平鹿郡
江刺郡
鳥海柵
胆沢城
豊田館
胆沢郡
雄勝郡
衣川関
北上川
多賀城

はなく、支配化が進むにつれて北へ広がったが、延暦二十一年、坂上田村麻呂が制圧したのちは、胆沢《いさわ》、和賀《わが》、江刺《えさし》、稗貫《ひえぬき》、志波《しわ》、岩手《いわて》の六郡となり、衣川関《ころもがわのせき》が境界とされたのである。

この六郡をまとめて「奥六郡」という。「奥」とは、先に述べたように「道の奥」と同様、国家領域の最果てのことで、行政区間としては特殊な世界を形成していた。ところが、奥六郡は陸奥国のほぼ中央、北上川を中心とする広大な沃野地帯だった。たとえば、胆沢の地は北上川中流の盆地だが、開墾して水田や陸田がつくられていたほか、川での漁労、山野での狩猟が盛んに行なわれていたのである。

奥六郡は中央政府が支配する最北端の地で、胆沢鎮守府が統括していた。しかし、陸奥の場合、ほかの国とは異なり、実際には現地の豪族を俘囚長《ふしゅうちょう》として、ある程度の自治にまかせていた。いわば、半自治区といってよい。

しかも、たとえば墾田については、地券《ちけん》（土地所有の権利書）がなくても私有化できるなど、特例を認めていた。こうした有利な条件を背景に、最初の奥六郡の支配者として安倍頼時《あべのよりとき》が登場してくるのである。

なぜ「蝦夷」「俘囚」と呼んだのか

古代の中央政府は、奥羽に住む人を「蝦夷《えみし》」と呼んだ。「蝦夷」とは政治や文化をもたない人たち、いいかえれば、乱暴で野蛮な人たち、という意味だった。中央政府に服従しなかったがゆえに、そう呼んだのである。しかし、本当に文化ももたず、野蛮な人たちだったのかというと、決してそうではない。

時代はさかのぼるが、たとえば縄文晩期の紀元前七〇〇年ごろ、高度に発達した亀ヶ岡文化が東北地方に発達していた。その中枢をなすのが是川遺跡《これかわいせき》（青森県八戸市）とされている。宇宙人の姿という説も出た遮光器土偶《しゃこうきどぐう》で知られる遺跡である。

ここから出土した鉢や壺などの土器は朱や漆《うるし》を塗ってあるし、漆は籠をはじめ、腕輪や櫛《くし》などの装身具、狩猟用具にまで使われ、見事な漆工芸技術をもっていたことがわかる。陸奥には、かなり早い時期から高度な文化が花開いていたのだ。

むろん、この縄文人と蝦夷と呼ばれた人びとが同じ系統だった、というわけではない。だが、想像以上に人びととの交流があったし、大陸からの渡来人など、さまざまな人が各地に散在して住んでいた。

かつて、蝦夷はすなわちアイヌ人だった、とする説が広く流布していたが、いまではほとんど否定されている。しかし、蝦夷とは何かについては論議がつづいており、まだたしかな定説はない。

もっとも、日本人はどこからきたか、ということについても同様で、北方や大陸、南方など複数の渡来ルートが考えられ、いわば混血化して日本人となった、というのは疑いのないところだろう。おそらく古代の東北はその混血化が遅れ、蝦夷と呼ばれた人びとは、先祖の特徴をまだはっきりともっていたにちがいない。

だから言語や風俗も畿内の人びととは異なり、中央からやってきた人の目には奇異に映った。まして「服従させよう」とする支配者側の目で見れば、独自の文化も目に入らず、ただ粗野な連中としか思えなかったのだろう。当時の東北には相当数のアイヌも住んでいたようだが、中央政府はそうしたアイヌをも含めて、人種的偏見から蝦夷と呼んで蔑んだ。

蝦夷は中央政府軍が侵略してくるから戦ったのであって、決して自ら侵略戦争を仕掛けはしないし、野蛮だったわけでもなかった。にもかかわらず、中央政府は柵《さく》を築いたり、関《せき》を設けて、蝦夷を討伐しつづけたのである。

こうして九世紀前半、弘仁《こうにん》年間（八一〇〜八二三）ごろまでには、胆沢城《いさわじょう》から南の地域はほぼ中央政府の支配地となった。

蝦夷討伐がくり返されると、中央政府に服従する蝦夷が多くなる。中央政府は、そうした蝦夷を蔑んで「俘囚《ふしゅう》」と呼んだ。しかも、懲罰などの目的で、かなりの人数が各地に移住させられたのである。それは全国各地におよんでいる。

また、中央政府は弘仁三年（八一二）、奥羽の運営について、俘囚長《ふしゅうちょう》制度を設けた。俘囚のなかから力量があり、しかも衆望のある者を俘囚長に任命し、ある程度の自治を行なわせるようにしたのである。

なぜ、そのようなことをしたのか。それは、中央政府にとって、大部隊の遠征軍を派遣することは経済的にもたいへんな負担だし、さほどの効果がないことがわかってきたからだ。当時、陸奥は国司が支配したが、国司は中央官人が任じられた。

その下の郡司は現地の有力者、すなわち俘囚長が任命された。この結果、実質的には俘囚長が統治することになった。むろん、蝦夷の社会では、すでに首長が存在し、豪族となっていた。だからわざわざ俘囚長に任じなくてもいいようなものだが、しかし俘囚長に任じることによって、いわばその権威が中央政府から公認されるかたちとなった。見方をかえると、中央政府の支配外にあって、首長が独自に支配していた形態が、そのままそっくり中央政府に取り込まれた、ともいえる。

しかし、だからといって俘囚長が完全に中央政府側の立場になったのかというと、そうではない。公的には政府側だが、実質的には現地の支配者という二重構造の立場にあった。したがって安倍頼時《あべのよりとき》はその権力を背景に奥六郡に勢力を伸ばし、清原武則《きよはらのたけのり》は出羽の山北三郡《さんぼく》（雄勝《おかち》、平鹿《ひらが》、山本）に勢力を張った。

では、なぜ安倍氏や清原氏が勢力を伸ばすことができたのか。

それは有利な規定があったためで、たとえば墾田については、特例として地券（土地所有の権利書）がなくても私有化できたからだ。もう一つは、俘囚のなかから能力のある人物を選び、郡司に任じることが可能になったからである。

中央政府の陸奥侵略はなぜはじまったのか

蝦夷《えみし》の住む陸奥は、畿内《きない》に本拠を置く中央政府にとっては征服し、同化させるべき地域であった。そのため政府は陸奥の開拓のためと称して、坂東などから多くの移民を送りこむ一方、住民の服属工作に積極的に取り組んだ。

住民のいない荒野に移民を送るのならともかく、多くの人びとが住み、農業を営んでいる地域に移民が入ってくるのだからたまらない。陸奥に住む蝦夷にしてみれば、それは侵略としか映らない。当然ながら反政府感情が高まり、武力衝突も起こる。

養老《ようろう》四年（七二〇）には按察使《あぜち》の上毛野広人《かみつけぬのひろひと》が殺害され、神亀《じんき》元年（七二四）にも陸奥大掾《だいじょう》の佐伯児屋麻呂《さえきのこやまろ》が殺される、という事件が起きた。そのつど政府は持節征夷将軍、持節大将軍などを任命し、鎮圧にあたったが、あまり効果がない。

そこで鎮守府将軍の大野東人《あずまひと》は、陸奥経営の拠点として多賀城《たがじょう》を築く。天平宝字六年（七六二）、藤原朝狩《あさかり》が多賀城を修造した記念に「多賀城碑」を建てたが、

多賀城政庁南門復元模型（東北歴史博物館提供）

そこには「神亀元年に創建された」ことが記されている。

多賀城は現在の宮城県多賀城市市川の台地にあった。東西一キロ近く、南北一キロ以上の広さで、築地と木柵でかこまれていた。中央部に政庁があり、その周囲に役所や兵舎、工房などが建ち並ぶ。しかし、多賀城が築かれたのちも紛争がつづいた。

宝亀《ほうき》十一年（七八〇）に起きた呰麻呂《あざまろ》の乱では、この多賀城が灰燼に帰している。乱の原因は、陸奥国按察使の紀広純《きのひろずみ》が三千人の兵を率いて伊治《これはる》城（宮城県栗原市）に進み、蝦夷の本拠地である胆沢《いさわ》（岩手県奥州市）への侵攻基地として、覚鱉《かくべつ》城（岩手県一関市）を築きはじめたことだった。

蝦夷が本拠地としていたのは、胆沢《いさわ》である。

胆沢の地は、北上川の中流域を占める盆地で、蝦夷が開墾した水田や畑が広がっていたし、川には魚が多く、林野では鳥獣が生息しているので狩猟に適していた。要するに胆沢は、暮らしやすい土地だった。

ところが、大和の中央政府では調、庸の納入状態が悪化し、財政基盤が不安定になっていた。そこで中央政府は、まだ服属していない蝦夷を「調庸の民」として取り込み、財政基盤の安定化を図ろうとしたのである。つまり、蝦夷を服属させ、税の徴収を狙ったのだ。

中央政府は陸奥国按察使《あぜち》の紀広純に対して、蝦夷の本拠地胆沢への侵攻を命じた。広純は、三千の兵を率いて伊治城に進むと、さらに覚鱉《かくべつ》城を築き、胆沢侵攻の拠点にしようとしたのである。

親大和派の伊治公呰麻呂《これはるのきみあざまろ》は、もともと蝦夷の族長だったが、中央政府の蝦夷同化政策にしたがい、多くの蝦夷をひきつれて服属した人物だ。それが認められ、上《かみ》治《はり》郡の大領《だいりょう》（長官）に登用された。

しかし、陸奥国按察使の紀広純とは、反りがあわない。また、牡鹿郡大領の道《みち》嶋《しまの》大楯《おおたて》は、なにかというと呰麻呂を「夷俘《いふ》」といって侮辱する。夷俘とは、中央政府の支配下に入り、一般農民の生活に同化した蝦夷のことだが、呰麻呂には、そういって侮る大楯を赦すことができない。

覚鱉城の工事がはじまると、各地の蝦夷たちはいきり立つ。呰麻呂は当初、造営工事に加わっていたのだが、蝦夷たちの動きに、自分の立場を反省せざるをえなかった。

「大和の中央政府に与《くみ》して同族を討つのではなく、同族と手を結び、侵攻してくる政府軍と戦うべきではないのか」

こうして呰麻呂は、宝亀十一年（七八〇）三月二十二日、突如として叛旗をひるがえす。兵を率いて伊治城を襲い、城内の内通者とともに紀広純と道嶋大楯を討ち取ったのである。

だが、どうしたわけか、呰麻呂は陸奥介《むつのすけ》（次官）の大伴《おおともの》真綱《まつな》を助け、多賀城（宮城県多賀城市）へ逃がしてやった。多賀城へ入った真綱が「呰麻呂が叛乱した」と告げると、城内の動きがあわただしくなる。伝え聞いた周辺の農民たちも、立て籠って戦うため、つぎつぎと多賀城へ入ってきた。

ところが、城内では、真綱と掾《じょう》（三等官）の石川浄足《いしかわのきよたり》とが戦う前に、あわただしく逃げ出す。それを知った農民たちも、われ先にと四方へ散っていった。

呰麻呂の軍勢は数日後、多賀城へ迫ったが、すでにもぬけの殻である。呰麻呂軍の兵たちは目ぼしいものを掠奪し、城に火を放って北方へ去った。こうして多賀城は、あとかたもなく燃えてしまった。

敗北の知らせを受けた中央政府は、さっそく鎮圧軍を派遣する。征東大使に藤原継縄《つぐただ》、副使に大伴益立《ますたち》、紀古佐美《きのこさみ》の二人を任じた。さらに陸奥国鎮守副将軍は大伴真綱という陣容である。

しかし、蝦夷たちの抵抗が激しく、戦果はあがらない。指揮官を交代させたり、軍勢を増やして、いくども討伐軍を派遣したが、いずれも失敗に終わった。陸奥国鎮守副将軍の百済俊哲《くだらのしゅんてつ》は、蝦夷軍に包囲され、命からがら逃げ出したほどだった。

新たな陸奥の指導者アテルイ

大和の中央政府にとって重要なのは、叛乱する陸奥の蝦夷を鎮圧することだった。むろん、「叛乱する」とはいえ、もともと陸奥は蝦夷の天地である。大和の軍勢が一方的に、無法な侵攻をしてきたのだ。

しかし、蝦夷もだまってはいない。多賀城を炎上させた呰麻呂の乱以来、蝦夷の抵抗は激しくなる。天応元年（七八一）には、光仁《こうにん》天皇が退位し、代わって桓武《かんむ》天皇が即位。政府軍はつぎつぎに鎮圧軍をくり出したものの、すべて失敗に終わった。

その後、延暦七年（七八八）には、大規模な蝦夷討伐の準備が進められた。東海道や東山道（近江・美濃《みの》・飛驒《ひだ》・信濃《しなの》・上野《こうずけ》・下野《しもつけ》など）、北陸道など諸国から兵や食糧を多賀城に集めたのである。

さらに紀古佐美が征東大使に任じられ、指揮をとることになった。

翌延暦八年（七八九）三月九日、紀古佐美率いる大和軍五万三千人は、蝦夷の本拠である胆沢への攻撃を開始。十八日には、衣川（岩手県平泉市）あたりまで進んだ。

これを迎撃しようと待ちかまえていたのがアテルイ（阿弖流為）の軍勢である。アテルイの出自は不明だが、祖父のころから大和軍の無法な侵攻に怒り、激しく対抗していた。

大和軍が作戦行動をはじめたのは、五月下旬のことである。全軍を三隊に分け、一隊から二千ずつの精鋭を選び出し、先鋒として六千の軍勢が北上川の東岸をめざした。そこにアテルイが指揮する蝦夷の本陣が置かれていたからだった。

川を渡った大和軍の二隊四千の兵たちは、三百ほどの蝦夷軍を追い散らし、各地の八百におよぶ農家を焼き払った。さらに、退却する蝦夷軍を追撃していく。

ところが、これはアテルイが仕掛けた罠だった。退却した蝦夷軍は、いわば囮《おとり》となり、大和軍をおびき出そうとしたのである。大和軍はその策を見抜けず、つい深追いしてしまった。

もう一隊の大和軍は、蝦夷の本拠近くに進出したものの、北上川を渡れずにいた。

西岸で待ち伏せしていた蝦夷軍の手強い迎撃があったからである。大和軍はたじたじとなりながらも、なんとか踏ん張っていた。

しかし、深追いした大和軍の前面に、新手の蝦夷軍八百が姿を現わし、攻撃してくる。やむなく大和軍が少しずつ後退したところ、こんどは山裾の繁みに隠れていた四百ほどの蝦夷軍が後ろにまわり、退路を断った。挟み撃ちにされて、あわてたのは大和軍である。

蝦夷軍の兵力は大和軍にくらべると、はるかに少ない。だが、戦う意気込みはまさっていたのだ。大和軍の兵士たちは、それとは逆に戦う気力を失い、退路を求めて右往左往した。

われ先にと、北上川に走る兵も少なくなかったが、川を渡る前につぎつぎに討たれた。大和軍は、こうして千人以上の死者を出して大敗したのである。

それでも衣川の近くには、四万数千人もの兵が残っていたから、まだまだ戦うことができたはずだった。しかし、戦意を喪失した大和軍の首脳は、兵たちを帰還させてしまった。

「アテルイは大和軍を破った勇士」

征東大使の紀古佐美は、アテルイのゲリラ戦法に敗れ、やむなく都へ帰った。延暦八年（七八九）九月八日、桓武天皇に敗戦の報告をし、節刀《せっとう》を返還した。節刀は天皇から賜わった刀で、天皇の権限を代行する意味を持つものだった。

そのころ、アテルイの名は「大和軍を破った勇士」として、都にまで知れ渡っていた。ところが、天皇には「蝦夷に敗北した」ことが赦せない。大和では、なんとか汚名をそそごうと、アテルイを討つ準備を進めた。

延暦十年（七九一）には、第二次アテルイ討伐軍を編制するにあたって、征東大使に大伴弟麻呂《おおとものおとまろ》、副使に坂上田村麻呂《さかのうえのたむらまろ》を任命した。その後、延暦十二年（七九三）二月、「征東」の名称は「征夷」と改められた。

実際に進攻したのは、延暦十三年（七九四）六月のことである。準備に三年を費やしただけに、軍勢は兵士十万人、軍監《ぐんげん》（副将軍の次官）十六人、軍曹《ぐんそう》（軍監の次官）五十六人という大規模なものだった。

「大和の軍勢が、またもや陸奥に攻めてくるぞ」

この噂は、アテルイにも早やばやと届いていた。だからアテルイは、兵士を国境線に配備し、守りを固めさせたのである。

しかし、今回の大和軍は「雪辱戦」という気持ちが強く、意気込みもちがっていた。意気込みではアテルイも負けてはいない。必死に戦ったが、蝦夷軍の二十倍ともいわれる大軍を前に、さすがのアテルイも敗北した。

大和軍の戦果は、斬首四百五十七人、捕虜百五十人、獲馬《かくば》八十五頭で、焼き払った蝦夷の集落は七十五におよぶ。大軍を投じただけに勝利は当然のことだが、それにもかかわらず、占領地域はほとんど広がらなかったし、アテルイを討つこともできなかった。

大和軍の攻撃は、それで終わったわけではない。延暦十六年（七九七）、坂上田村麻呂を征夷大将軍に任命し、蝦夷の征討に当たらせることにした。

田村麻呂は延暦二十年（八〇一）、四万人の兵を率いて最前線に赴く。激しい戦いを半年もつづけ、胆沢（岩手県奥州市）から志波（岩手県盛岡市）にかけての一帯を制圧したのである。

田村麻呂はその後、延暦二十一年（八〇二）に胆沢城を築き、翌年には胆沢城から北へ六十キロほどの地に志波城を築いた。どちらにも築地《ついじ》で囲んだ政庁を置き、人員を配している。なかでも胆沢城には、奥羽支配の拠点として多賀城から鎮守府を移したので、国府と同等の機能を持つようになった。

アテルイは、大和軍への抵抗心を抱きつづけていたが、周辺地域の蝦夷のなかから大和軍へ帰順する者が出てくる、という状況を見て心が動いた。いたずらに武力衝突をくり返すのではなく、共存の道はないものか。

実際のところ、田村麻呂はただ武力で制圧するのではなく、平和的な共存状態をつくり出したり、蝦夷たちの生活安定に尽力しているようにも見える。そう考えて出した結論が、大和軍へ投降することだった。

延暦二十一年（八〇四）四月十五日、アテルイと磐具公母礼《いわぐのきみもれ》は五百人ほどの仲間をひきつれ、胆沢城の造営工事を指揮していた田村麻呂のもとに降伏したのである。

田村麻呂は七月十日、アテルイと磐具公母礼をつれて入京。政府軍をさんざん悩ませた蝦夷の指導者を捕えた、ということが知れると、桓武天皇をはじめ、平安京の人びとは狂喜した。

アテルイは和議を望んだが、政府首脳の貴族たちは聞く耳を持たない。最初から険悪な様子だった。

「陸奥の安定のためにもアテルイは生かして帰すべきだ」

田村麻呂はそう主張したが、貴族たちはそれに反対する。

「仇敵であり、赦せない。断固処刑すべし」

アテルイと磐具公母礼は八月十三日、河内の杜山《もりやま》で斬殺された。こうしてアテルイとの戦いは幕を閉じたものの、蝦夷たちの恨みは残った。

政府は胆沢地方を支配下におさめたが、引きつづき胆沢以北の征討を行なった。弘仁二年（八一一）一月、胆沢以北に和我《わが》（賀）、稗縫《ひえぬき》（貫）、斯《し》（志）波《わ》の三郡が設置された。しかし、状況はきわめて不安定だった。

そこで四月十七日、この地を安定させるため、陸奥・出羽按察使《あぜち》の文室綿麻呂《ふんやのわたまろ》を征夷大将軍に任命。綿麻呂は二万六千の兵を率いて出陣したが、大和軍にはのべ三千人もの俘囚《ふしゅう》が加わった。俘囚とは帰降し、同化した蝦夷である。主に戦って戦果をあげたのは、この俘囚部隊だったといわれる。

三十数年におよんだ政府軍の蝦夷征討は、こうして一応の終結をみた。

「元慶の乱」にどんな背景があったのか

陸奥（宮城県・岩手県・青森県）では、蝦夷軍と大和軍との争乱が起きたが、日本海側の出羽《でわ》（山形県・秋田県）には、そうした争乱が起きなかったのだろうか。

むろん、争乱は起きた。大和政府はそのような事態に備えて、古くから出羽柵（山形県庄内地方）を設置し、拠点としていた。出羽国が成立したのは和銅五年（七一二）のことだが、出羽柵に国府が置かれたと考えられている。その後、秋田柵は天平五年（七三三）に秋田村（秋田市）に移され、秋田城となった。

大和政府にとっては最北の砦であり、出羽北部の蝦夷を支配するための拠点である。もし、蝦夷が叛乱を起こしたときには、この秋田城を基地に戦うことになる。

太平洋側の陸奥の拠点は、多賀城（宮城県多賀城市）だ。この二つの城が東北経営の最大の拠点になっていた。

ところが、地域に古くから住む人びとにとって、大和政府の侵出は、侵略と同じことだった。反抗心は自然に芽生えるし、行動に移す者も出てくるのだが、それとは逆に大和政府に取り込まれる人びともいた。

このように大和政府に帰属した蝦夷を「俘囚《ふしゅう》」というのは先に述べた通りだが、同化したはずの俘囚にも不満が生じてくる。

元慶《がんぎょう》元年（八七七）、出羽国は大凶作に襲われた。ところが、秋田城国司の良《よし》岑近《みねのちかし》は、それを救済せず、逆に俘囚たちの租税を増額したり、賦役を課すなどして私腹をこやしていた。

その結果、秋田城周辺の住民の三分の一が暮らしに困り、逃亡したほどだった。しかし、良岑近は、そうした現状を見て見ないふりをつづけ、苛酷な税の取り立てをやめなかった。

やがて不満が爆発する。元慶二年（八七八）三月十五日、俘囚たちが一斉に蜂起し、秋田城を襲撃したのである。城ばかりか、付属する施設を焼き、民家まで焼き払った。

大規模な叛乱である。知らせを聞いておどろいた出羽国府（山形県酒田市）では、出羽権掾《ごんのじょう》の小野春泉《おののはるいずみ》、文室有房《ふんやのありふさ》が精兵を率いて出陣。秋田城で俘囚軍と戦ったものの、あえなく敗北してしまった。

出羽国府では、急いで六百人の兵を野代営《のしろえい》（能代市付近。営は陣屋のこと）に派遣し、守備をかためようとした。ところが、途中で待ち伏せしていた千人もの俘囚軍に襲撃され、五百人余が戦死したり、逮捕されるという始末だった。

出羽に常駐する兵だけでは、叛乱を鎮圧できない。そこで中央政府は、隣の陸奥にたいして、

「兵を出して出羽を助けよ」

と命じたが、叛乱を押さえることはむずかしい。

陸奥からは、押領使藤原梶長《かじなが》が二千の兵を率いて救援に駆けつける。このため、一時は勢いを盛り返したのだが、やがて俘囚の大軍に襲われ、持ち堪えることができず、兵たちは陸奥へ逃げ帰った。

乱が起きて二か月後の五月四日、藤原保則《やすのり》を出羽権守に任命し、乱の鎮圧に当たらせることになった。

叛乱した俘囚軍の根拠地は、上津野《かづの》（鹿角）、火内《ひない》（比内、大館）、椙淵《すぎぶち》（鷹巣、阿仁）、野代《のしろ》（能代）、河北（琴丘、森岳）、腋本《わき》（脇本）、方口《かたくち》（浜口）、大河（八郎潟）、堤（井川）、姉刀《あねたち》（五城目）、方上《かたうえ》（昭和、飯田川）、焼岡《たけおか》（金足）の十二か村である。

しかし、秋田城周辺には、添河《そいかわ》・覇別《はべつ》・助川《すけかわ》という叛乱に加わらなかった三か村があった。保則は、これらの村には「農民たちで俘囚の襲撃を防いでほしい」と説得。さらに、俘囚たちには食糧を支給した。

また、政府軍は各地で武威を誇示しながら、叛乱軍に加わった俘囚たちに「帰順するように」と、説得しつづけた。

武力で制圧するのではなく、このような柔軟なやり方が功を奏する。八月になると、秋田城下につぎつぎと集団でやってきて降伏した。十月には三百人余が投降し、年末には叛乱が鎮静化した。

それでも政府は、不安だったのだろうか。翌元慶三年（八七九）一月、「あくまでも武力で討伐せよ」と命じたのである。

保則は、それに反対し、つぎのように説得した。

「俘囚は本心から降伏してきたので、俘囚に武力を行使することはできない。しかも、出羽の兵力は十分とはいえず、武力討伐といっても困難である」

政府は、やむなく保則の主張を聞き入れて、武力討伐を中止した。こうして苛政に蜂起した出羽の俘囚たちの叛乱は終わった。のちに、この争乱は「元慶の乱」と称された。

奥六郡の支配者・安倍頼時はどういう人物か

坂上田村麻呂《さかのうえのたむらまろ》が奥州を平定したのち、蝦夷に自治権を認めたこともあって、陸奥にはしばらく平和がつづいた。そのなかで、奥州北部の実質的な支配者として登場したのが安倍頼時《あべのよりとき》（初名・頼良《よりよし》）である。

奥州藤原氏の初代清衡《きよひら》は、藤原経清《つねきよ》を父に、安倍頼時の娘を母に生まれた。安倍氏とは、どのような一族だったのか。出自は不明だが、俘囚《ふしゅう》の家系であることはたしかのようだ。そのため、政府側から侮辱的な人種差別をされ、それがもとでのちに「前九年合戦」と呼ばれる紛争が起きた。

もともと安倍氏は現地豪族で、奥州開拓を推進した中央豪族の安倍氏と接し、部民となった者の子孫と考えられている。九世紀後半ごろに改名するさい、かつて主《あるじ》だった「安倍」を称するようになったらしい。

安倍頼時の父は忠良《ただよし》、祖父は忠頼《ただより》という。戦記物語『陸奥話記』によると、忠頼のころから「蝦夷の酋長」として諸村を服従させ、奥六郡に勢力をふるっていた。むろん、当初から奥六郡の郡司だったというのではない。三代のあいだに奥六郡を自分の領土として支配権を確立し、いわば「俘囚国家」というべき形態をつくりあげていったのである。

なぜ、そんなことができたのか。理由はいくつかあるが、一つは鎮守府国司の遥《よう》任《にん》化が進んだことである。遥任とは、国司に任命されても現地に赴任せず、京にとどまったまま、介《すけ》や目代《もくだい》といった下役人に実務を行なわせ、収入だけを得るというものだ。この結果、俘囚長である安倍氏の奥六郡支配が強まっていった。

しかも、安倍頼時は鎮守府の存在を無視するかのように、重要な地に柵《さく》を築き、一族を配置した。頼時には多くの子があったが、たとえば嫡男貞任《さだとう》を岩手郡厨川《くりやがわの》柵《さく》に、三男宗任《むねとう》は胆沢《いさわ》郡鳥海《とりのうみの》柵、五男正任《まさとう》は和賀郡黒沢尻《くろさわじり》柵などと配し、頼時自身は胆沢郡の最南端、衣川館《ころもがわのたち》に本拠を置いたのである。つまり、軍事的にも独立国家の体制をととのえていた、といっていい。

安倍氏が実質的に奥六郡の長となったのは忠頼の時代、元慶《がんぎょう》年間（八七七～八八四）のころとされる。それ以来、安倍氏は前九年合戦で滅亡するまで、二百年もつづいた。

　それほどつづいたのは武力もさることながら、行政力がすぐれていたからだろう。安倍氏の時代、北上川の中流域には広大な田畑がつくられ、たとえば磐井《いわい》郡の刈入れだけでも、三千人以上の人手が必要だったといわれる。

　また、街道は南の白河から北の外ヶ浜（津軽半島の陸奥湾沿い）までのび、関や宿《しゅく》が設置されたほか、村落も多かった。むろん、仏教も普及していたし、文化も豊かだった。それは安倍氏が積極的に京都の文化を取り入れたからだが、これらはのちに独自の発展を遂げ、平泉文化として花開くことになる。

『古今著聞集《ここんちょもんじゅう》』に紹介されている話だが、康平《こうへい》五年（一〇六二）九月、安倍貞任は政府軍に攻められ、衣川柵を捨て、北方へ逃れていく。

　このとき、源義家《みなもとのよしいえ》が逃げる貞任に追いつき、「衣のたて（館）はほころびにけり」と、詠みかける。すると、貞任は振り向き、「年を経し糸のみだれの苦しさに」と、上の句を返す。義家はその歌心に感じ入り、弓につがえていた矢をはずし、追うのをやめたという。

また『平家物語』には、こんな話も紹介されている。安倍氏の敗北で前九年合戦が終わったあと、捕えられた頼時の三男宗任は都へ連行された。

大宮人《おおみやびと》は宗任に梅の花を見せながら、からかうように「これは何か」という。蝦夷だからわからないだろう、と思ったのか。しかし、宗任はすばやく、「わが国の梅の花とは見たれども大宮人は何といふらん」と、歌を詠んで答えた。それを聞いて、大宮人は顔色を変えて驚いたという。安倍一族には、これほどの教養もあったのである。

「前九年合戦」の原因はなんだったのか

永承《えいしょう》五年（一〇五〇）、陸奥守藤原登任《ふじわらのなりとう》、秋田城介《じょうのすけ》平重成《たいらのしげなり》が在地豪族である安倍頼良《あべのよりよし》（のち頼時）を攻めて敗れる、という事件が起きた。

当時、中央勢力との境界線は衣川柵《ころもがわのさく》（岩手県奥州市）だったが、頼良は越境し、衣川以南の磐井郡、栗原郡あたりまで南下するようになった。

頼良は自分が支配者だから当然の行動と考えたのだろうが、国府にしてみれば傍若無人と映った。そこで登任は、頼良が納税や労役を拒んでいることを理由に討伐しようと攻めたのだが、逆に鬼功部《おにこうべ》（宮城県大崎市）で大敗してしまったのである。

奥羽戦争の幕開きとなる「前九年合戦」は永承六年（一〇五一）からはじまるとされるが、実際にはそのように前年からはじまっていた。しかも、この戦いは南に勢力をのばしてきた安倍氏にたいして、政府側が仕掛けたものだった。つまり、国司の登任が安倍氏に先制攻撃をかけ、威圧しようとしたわけだ。

念のためにつけ加えておくと、戦いが終結したのは康平《こうへい》五年（一〇六二）である。つまり、実際には十二年戦争だったのだが、鎌倉時代から誤って「前九年合戦」と呼ばれ、これが定着してしまった。

国司軍が敗北した事件は、中央政府に大きな衝撃をあたえた。そこで政府は、翌永承六年（一〇五一）、六十四歳の源《みなもとのよりよし》頼義を陸奥守《むつのかみ》に任命し、安倍一族を鎮圧するため、現地へ赴かせる。頼義はそれまで相模守として、東国武士の信任をえていた武将だけに政府首脳の期待も大きかった。

ところが、頼義が着任してまもなくの永承七年（一〇五二）五月、藤原彰子《しょうし》（一条天皇の中宮）の病気平癒祈願の大赦があり、頼良は免罪される。頼良はこれを喜び、戦わずして頼義に帰服した。このとき、敬意を表わし、国司の名と同じ訓《よ》みではおそれ多いと、頼時と改名したのである。

頼義にしてみると、これは望ましい決着ではなかった。なぜなら、頼義は武力を使い、軍事貴族としての勢力拡大をねらっていたからだ。

やがて、その好機がやってくる。天喜《てんぎ》四年（一〇五六）、任期満了をひかえた頼義は職務執行のため、多賀城の国府から胆沢《いさわ》城の鎮守府へ出かけた。ここで数十日間をすごすが、頼時は手厚くもてなし、黄金や駿馬などを献上したりして、恭順の意を表わした。

その帰途のことである。阿久利《あくと》川付近で頼義の配下の武将の藤原光貞《みつさだ》、元貞《もとさだ》らが何者かに襲われ、従者や馬が殺傷されるという事件が起きたのだ。不審に思った頼義は光貞を呼び、容疑者の心あたりをたずねる。すると光貞は、こう答えた。

「安倍頼時の長男貞任が先年、私の妹を妻にほしいといってきたのですが、家柄が賤しいので断わったことがありました。貞任はそれを恥としていたので、おそらく貞任がその恨みから襲撃したとしか思えません」

頼義は着任以来、武力発動の機会をうかがっていただけに、襲撃犯人は安倍頼時の長男貞任と断じ、貞任のいいぶんも聞かずに処罰しようとした。だが、それを聞いた頼時は怒り、抵抗する決意を固めたのである。

「世の中に人の道があるのは、みな妻子のためである。貞任が愚か者であっても、父子の愛情を忘れることはない。もし貞任が処罰されれば、忍びがたいことだ。衣《ころも》川関《がわのせき》を閉じ、頼義の命を聞かないことにするしかない。もし攻めてきても味方がこれを防げばいいし、なんの心配もいらない。たとえ戦《いくさ》に敗れ、死ぬようなことがあっても、それでいいではないか」

頼時が一族の者たちに訴えると、すぐに共感し、これに同意した。頼時はさっそく衣川関を閉鎖し、戦いの準備にとりかかる。一方、頼義も「それならば」と兵を集め、衣川関をめざした。

こうして本格的な戦闘がはじまるのだが、戦いの原因については諸説がある。そのきっかけとなった阿久利川事件は、頼義が安倍頼時を挑発し、武力征服するために行なった謀略とする説が有力なようだ。

むろん、挑発するのなら、なぜもっと早い時期に行なわなかったのか、という疑問もある。任期が終わる寸前になって、頼義が挑発するのは不自然、というわけだ。なぜなら、そのようなことをしなくても、頼義が任期を終えて都へ帰れば、それなりの官位昇進など恩賞は疑いなかったからである。

そのほか、頼義の任務は安倍氏の行動を制限し、平定することだから、任期満了で帰京する前に威圧しておこうとしたのではないか、という説もある。

また、開戦の首謀者は頼義ではなく、在庁官人だった、とする説もある。在庁官人は国司の庁舎で事務をとる目代《もくだい》以下の役人だが、現地出身者がついていた。安倍氏に苦しめられつづけた在庁官人が、その怒りを爆発させた、というのである。

いずれにせよ、戦乱の原因は単純ではない。政府の領地拡大政策と内部対立、俘囚の反発や分裂など、さまざまな要因が複雑にからまって、大規模な戦争に発展していった。

戦いがはじまると、頼時追討の宣旨がくだされ、頼義は政府による公認をえた。同時に兵士や兵糧の支援を受ける。こうして頼義のもとに多くの兵士が集まったものの、戦況は必ずしも順調ではなかった。

やがて政府は、頼義の任期が満了となったため、新しい陸奥守に藤原良綱《よしつな》を任命する。だが、良綱は合戦のことを聞き、現地へ赴任しなかった。やむなく政府は天喜四年（一〇五六）十一月、頼義をふたたび陸奥守に任命したのである。ところがこの年、陸奥は飢饉に見舞われ、兵糧不足に悩まされつづけたのだ。このため、多くの兵士が離脱していく。

頼義は翌天喜五年（一〇五七）にも戦闘をつづけたが、戦況は膠着し、いっこうに勝敗を決することができない。そこで頼義は決着をつけるため、背後から安倍軍を攻撃することを思いつく。さっそく気仙郡司の金為時《こんのためとき》らを使者にたて、奥六郡のさらに北方の奥地、糠部《ぬかのぶ》の俘囚たちを説得したのだ。

これを知った頼時も二千人の兵をひきつれ、糠部の俘囚を説得しようと出向いた。しかし、途中で迎撃され、二日間激しく戦ったものの、頼時は流れ矢に当たり、鳥海柵《とりのうみのさく》（岩手県胆沢郡金ケ崎町）に帰ってまもなく死んでしまった。天喜五年（一〇五七）七月のことである。

なぜ安倍一族は滅びたのか

安倍頼時《あべのよりとき》の死後、安倍軍はどうなったか。頼時の長男貞任《さだとう》を中心に結束もかたく、意気込みは盛んだった。四千人ほどの精兵を河崎柵《かわさきのさく》（岩手県東磐井郡川崎町）に結集させ、ここを拠点に源頼義《みなもとのよりよし》の軍勢を迎え撃つ態勢をととのえていた。

そこへ千八百人もの頼義軍が攻めてくる。戦場となったのは、河崎柵近くの黄海《きのみ》（岩手県東磐井郡藤沢町）である。ときは天喜五年（一〇五七）十一月。激戦となったが、寒気がきびしく、吹雪がつづいた。頼義軍は寒冷に悩まされたうえに兵糧不足が重なり、人馬ともに疲労がひどい。

それにもかかわらず、頼義軍は攻勢に出た。一刻も早く安倍軍を鎮圧し、都へ帰りたいという思いが強く、あせったのだろう。逆に貞任率いる四千余の安倍軍に包囲され、雨のように矢を射つづけられて、壊滅的な敗北をしてしまった。数百もの兵が命を失い、残った兵は四方へ逃げたのである。

頼義の馬も矢が当たって倒れ、ほとんど脱出不可能に思えた。ところが、藤原《ふじわらの》景通《かげみち》がかわりの馬を見つけ、頼義の長男、十九歳の義家《よしいえ》が見事な戦いぶりを見せる。頼義はようやく包囲を破り、逃れることができたのだった。

安倍軍の勝利によって、貞任の支配は奥六郡以南に広がり、安倍氏による徴税が行なわれるようになった。それでも頼義はなすすべもなく、傍観するしかない。こうして膠着状態がしばらくつづいた。

やがて頼義の二度めの任期が満了となる。康平《こうへい》五年（一〇六二）、新しく陸奥守として高階経重《たかしなのつねしげ》が赴任してきたものの、すぐ京へ帰ってしまった。兵士や住民が頼義にしたがい、経重はどうすることもできなかったからだ。

こうなると、頼義も覚悟せざるをえない。頼義は最後の手段として、出羽を支配していた清原光頼《きよはらのみつより》、弟の武則《たけのり》らに多くの珍宝を贈り、助力を求めた。その態度は恥も外聞もないほどの媚びようだった、といわれる。

その効果があったか、七月、ついに清原兄弟が動き出す。一万人以上の大軍を率いて奥羽山脈を越え、進出してきたのだ。八月九日、清原軍と頼義軍は栗原郡の営《たむろ》岡《おか》（宮城県栗原町）で合流し、本格的な戦闘がはじまった。

八月十七日、頼義・清原連合軍は、まず小松柵《こまつのさく》（岩手県一関市）を攻撃する。小松柵は安倍領の最南端、すなわち最前線である。そこを襲われたのだ。貞任の弟宗任《むねとう》と叔父の良昭《りょうしょう》が激しく防戦したものの、結局は力尽き、敗れてしまった。安倍軍はやむなく小松柵を捨て、北へと逃れた。

安倍軍はそれで戦いをやめたわけではない。ゲリラ戦によって頼義・武則連合軍を翻弄した。連合軍の戦力を消耗させる作戦に出たのである。

しかし、頼義軍は宗任らのゲリラ隊を追ったり、兵糧補給のため稲刈りに出かけるなどして、本陣は手薄になっていた。それを知った貞任は九月五日、八千人の軍勢で、頼義軍の本陣を奇襲する。だが、逆に清原軍に迎撃され、大敗してしまったのである。

貞任軍は石坂柵に逃れるが、これも追撃してきた清原軍に攻め落とされた。貞任軍は衣川関《ころもがわ》（岩手県奥州市）まで後退し、態勢を立て直す。衣川関は要害だが、貞任らはさらに木を切り倒して道をふさいだ。しかも長雨のため、川が増水していて、攻めるのは困難に思えた。

それにもかかわらず連合軍は追撃の手をゆるめない。翌九月六日の午後、清原武則とその子武貞《たけさだ》、甥の橘《たちばなのさだより》貞頼らは攻略にとりかかったのだ。戦いは午後二時から六時間ほどつづいたが、安倍軍は多くの兵を失いながらも激しく抗戦した。一方、武則は衣川柵を落とせないことにいらだち、奇襲作戦を敢行する。部下をひそかに衣川柵に潜入させ、柵に放火させたのである。貞任をはじめ、籠城兵たちはその火を見て驚き、抵抗することなく、鳥海柵《とりのうみのさく》（岩手県胆沢郡金ヶ崎町）へ逃れていった。

頼義・清原連合軍はさらに北上し、十一日には鳥海柵を占領、さらに追いつめていく。貞任や弟の宗任らは厨川柵《くりやがわのさく》（岩手県盛岡市）へ移動した。

厨川柵は川や沢にかこまれ、川岸は十メートルの岩壁だ。そのなかに柵を築き、柵と川との間に空堀が掘られ、逆茂木《さかもぎ》が設けられていた。さらに敵が攻めてくれば矢を射かけ、石を投げて迎え撃つ準備をととのえる。貞任は、ここを最後の拠点にしようと、覚悟をかためた。

頼義・武則連合軍は九月十五日夕方、ついに厨川柵を囲む。頼義が攻撃をはじめたのは九月十六日である。安倍軍は弩《いしゆみ》を乱射し、激しく抵抗した。飛んでくる石のため、頼義・清原連合軍も数百人の死者が出たほどだった。

源頼義としては、作戦を変更せざるをえない。翌十七日、頼義は部下に命じて近くの民家を打ち壊させ、これを運ばせる一方、萱草《かやぐさ》を刈らせた。こうして集められた木や萱草を空堀に投じたり、岸に積み上げて火を放ったのだ。ちょうど強風が吹いていたため、火は柵内に飛び移り、燃え広がっていく。

籠城していた安倍軍の兵たちは、悲鳴をあげ柵外に飛び出す。連合軍の激しい攻撃によって、厨川柵はあえなく落ちてしまった。安倍貞任は戦死するが、このとき三十四歳である。弟の宗任《むねとう》らも数日後に投降、藤原経清《つねきよ》は捕えられ、斬首となった。

こうして安倍氏は滅亡し、頼義の赴任以来、足かけ十二年におよんだ「前九年合戦」は終結したのである。もとはといえば、子どもの嫁取りに端を発してはじまった戦いだが、その根底には頼義らに「蝦夷《えみし》の子孫」といった差別観があり、それが安倍氏の反抗心を増幅させ、戦乱を拡大した、といっていい。

では、この戦いの勝利者はだれだったのか。源頼義や中央政府が勝利をおさめた

「前九年合戦」関係図

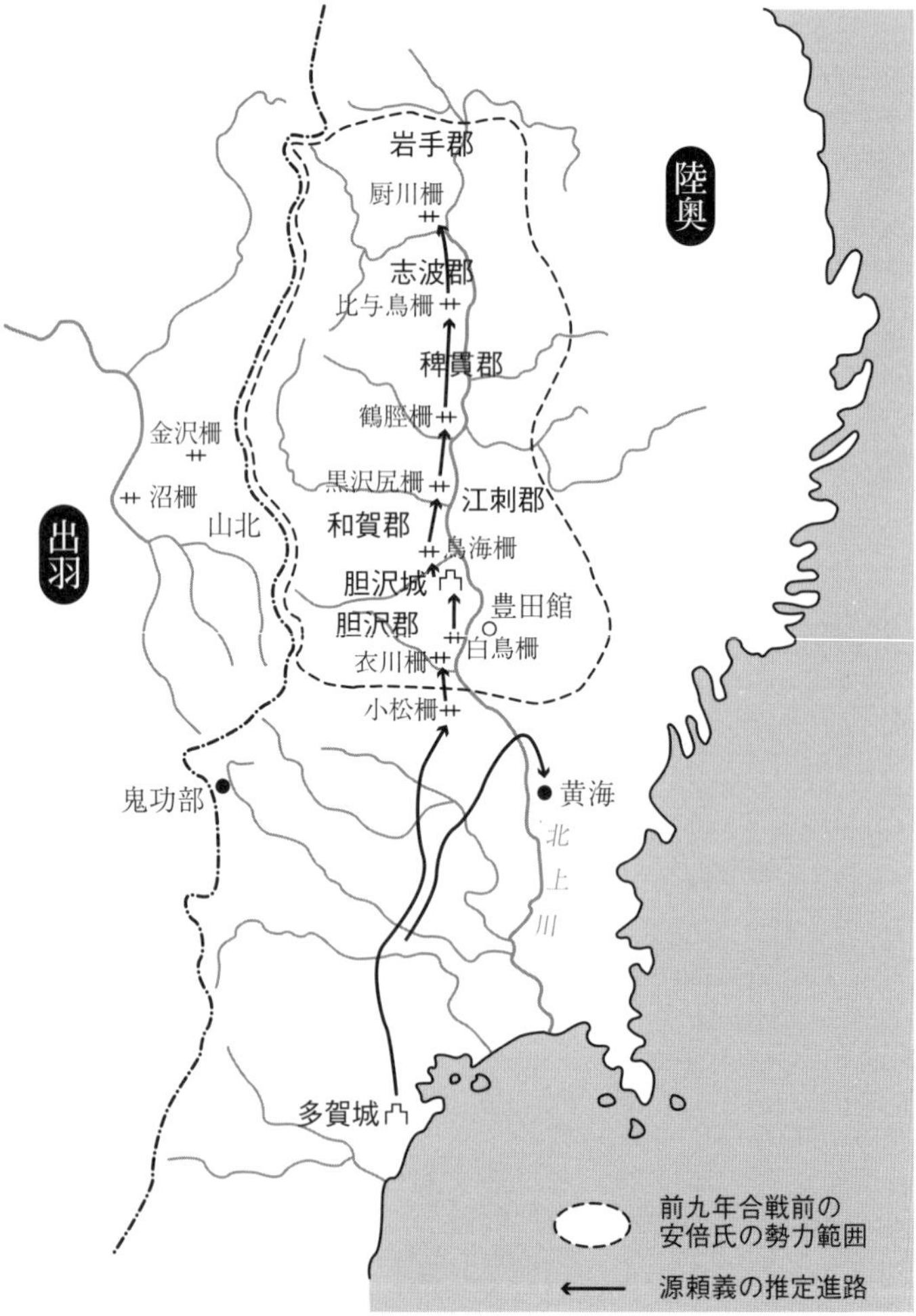
陸奥
出羽
岩手郡
厨川柵
志波郡
比与鳥柵
稗貫郡
鶴脛柵
金沢柵
沼柵
黒沢尻柵
江刺郡
山北
和賀郡
鳥海柵
胆沢城
豊田館
胆沢郡
白鳥柵
衣川柵
小松柵
黄海
鬼功部
北上川
多賀城
前九年合戦前の安倍氏の勢力範囲
源頼義の推定進路

ように見えるが、実際はそうではない。奥羽に中央政府の支配力をおよぼすことができなかったし、安倍氏にかわって清原氏が実質的な支配者になった。つまり、この戦いを通じて、合法的に安倍氏が築いた権益を手中におさめた清原武則が本当の意味での勝利者だったのである。

康平六年（一〇六三）二月二十七日、中央政府によって論功行賞が発表される。源頼義は伊予守、義家が出羽守、清原武則は鎮守府将軍に抜擢されたのだ。俘囚長が将軍になったのは初めてのことで、それだけ政府は武則の功績を高く評価していたわけである。

こうして清原氏は、出羽の旧領と安倍氏が支配していた奥六郡とをあわせ、奥羽全体を勢力下におさめた。しかし、この平和はそれほど長くはつづかなかった。

藤原経清が陸奥に住みついた理由

平泉王国を開いた藤原清衡《ふじわらのきよひら》の父経清《つねきよ》は「前九年合戦」で安倍氏に味方し、結局は逮捕、処刑された。藤原経清とは、どのような人物だったのか。

その出自は明らかではないが、経清は陸奥の在庁官人で、藤原秀郷《ひでさと》の後裔ともいう。在庁官人とは国司が中央から赴任するのにたいして、在地豪族がこのポストについた。行政や軍事などを担当する役人だった。

秀郷は平安中期の武将で、押領使《おうりょうし》として下野国《しもつけのくに》（栃木県）に住み、勢力を張っていた。平将門《たいらのまさかど》の乱のとき、秀郷は平貞盛《さだもり》とともに将門の本拠を攻め、天慶《てんぎょう》三年（九四〇）二月十四日、将門を討ち取る。この功によって、秀郷は下野守となった。経清はこうした秀郷の後裔だというのである。

経清がかりに秀郷の後裔だとして、いつ、どのようにして陸奥に住みついたのか、よくわからない。関東に土着した藤原氏の傍系で、陸奥守として奥州へ赴いた国司にしたがい、陸奥へやってきたともいわれる。経清は、亘理《わたり》郡（宮城県亘理郡）に所領をもち、郡司（地方行政官）を務めた。そのため「亘理権大夫《ごんのたいふ》」などと称されていた。

『吾妻鏡《あずまかがみ》』によると、歌人の西行《さいぎょう》が平泉へ赴くとき、藤原秀衡《ひでひら》を自分の一族だといって頼ろうとしたことがある。西行は俗名を佐藤義清《のりきよ》といって、秀郷の一族だ。奥州藤原氏が西行の一族だとすれば、秀郷藤原氏の分かれだということになる。

いずれにせよ、経清はすぐれた武将だったのだろう。いつごろのことか不明だが、俘囚長として奥六郡に勢力をもつ安倍頼時《あべのよりとき》に認められ、その娘を妻にしている。二人の間に、のちに平泉王国を開く清衡が生まれたのは天喜《てんぎ》四年（一〇五六）、前九年合戦のさなかのことである。

経清は安倍氏と姻戚関係を結んで以来、さらに力を増し、前九年合戦では指導的な役割を果たしたのである。当初、経清は同じ頼時の女婿である平永衡《たいらのながひら》と同様、舅の頼時にそむき、源頼義《みなもとのよりよし》率いる政府軍に加わっていたのだが、途中で不意に、頼時に寝返ったのだ。

その背景には平永衡が斬殺されるという事件があった。永衡は「伊具十郎」と称し、宮城県の南部地域を本拠にしていたという。ところが、戦いがはじまってまもなく「永衡は安倍頼時に内応している」と讒言《ざんげん》する者が現れた。頼義はこれを信じ込み、永衡を処刑したのである。

永衡と同じような立場にある経清は、そのことに大きな衝撃を受け、自分もいつ殺されるかわからない、と不安を抱く。早く決断しないと自分の命があやうい。そこで経清は、頼義陣営に「頼時が国府多賀城を奇襲し、将軍の妻子を奪おうとしている」という噂を流した。

頼義はあわてて数千の兵を率い、多賀城へ急行する一方、頼時の陣を攻撃させた。経清はこの混乱に乗じ、八百人ほどの私兵をひきつれ、頼時の陣へ走ったのである。こうした経清の寝返りによって、頼義は苦戦をしいられた。

天喜五年(一〇五七)、黄海《きのみ》の戦いで安倍軍は頼義軍に壊滅的な打撃をあたえたが、これも経清の働きによるところが大きかった。この勝利以後、五年間は安倍氏を中心とする俘囚勢力が強大化し、源頼義はその動きを封じられてしまう。

その間、安倍氏の勢いは盛んになり、諸郡を横行して住民をおどし、略奪をくりかえした。とくに経清は数百人の兵を率い、衣川関《ころもがわのせき》から南下し、官物を奪いとった。そのとき、経清は「白符《はくふ》を用いよ。赤符《せきふ》を用いるな」と命じている。

この白符、赤符とは何か。赤符というのは朱の国印が捺されている徴税証書で、いわば公文書だ。頼義は陸奥守の立場でこの赤符を発行し、収税していた。白符は朱の国印を捺さない私文書、すなわち経清が勝手に発行した徴税証書である。経清は政府の赤符を否定し、勝手に白符を発行して、官物徴収を行なわせたわけだ。

これは中央政府への公然たる対決であり、財政上の自己主義でもあった。頼義軍は経済的に深刻な打撃を受けたが、頼義はこれをどうすることもできない。このため、諸郡の住民は白符徴税に応じ、それによって安倍氏俘囚政権の財政が豊かになり、支配力も強めていった。

しかし、このように安倍氏を支えて活躍した経清だが、康平五年（一〇六二）、安倍氏の滅亡とともに逮捕され、斬首となったのである。

鎮守府将軍清原武則の出自は

前九年合戦でもっとも多くの利益を手にしたのは、源頼義《みなもとのよりよし》を助けて安倍氏を滅亡へと追い込んだ清原武則《きよはらのたけのり》だった。

武則は出羽の有力な地方豪族とはいえ、中央から見れば俘囚長《ふしゅうちょう》にすぎない。にもかかわらず、中央政府は「従五位下鎮守府将軍」の官位をあたえたのだから破格のことだった。そのうえ武則は、安倍氏の旧領である奥六郡の支配権まで握ったのである。

これは中央政府が武則の成功を高く評価したこともさることながら、むしろ奥羽経営にたいする関心が薄れ、「奥羽は俘囚の支配にまかせてもいい」と、判断したからだ。この結果、清原氏はますます強力になっていく。

ところで、清原氏は出羽の俘囚長だったが、その出自については諸説があってはっきりしない。たとえば、天武天皇の皇子で『日本書紀』編纂の責任者、舎人《とねり》親王の子孫だというが、むろん確証はない。

元慶《がんぎょう》二年（八七八）三月十五日、先に記したように出羽で元慶の乱が起きた。秋田城司の良岑近《よしみねのちかし》が周辺の俘囚《ふしゅう》に、ほしいまま賦役をかけ、増税をするなど苛政を行なったため、出羽の俘囚が一斉に蜂起し、秋田城を襲撃したのである。出羽国府の役人が兵を率い、追い払おうとしたが、逆に敗退する始末だった。

四月には野代営《のしろのたむろ》（秋田県能代市付近）という前線基地に六百人の兵が派遣されたものの、途中で叛乱軍に襲撃され、五百人以上が戦死。その後、つぎつぎに政府軍が送り込まれたが、逆に軍馬や兵糧などを奪われ、逃げ帰ってきた。やがて七月、出羽権守《ごんのかみ》に任じられた藤原保則《ふじわらのやすのり》が出羽に到着。清原令望《よしもち》も出羽権掾《ごんのじょう》として現地に派遣される。保則の巧みな戦略によって、秋ごろには投降する俘囚があいつぎ、年末には乱は終息してしまった。

翌年四月、保則は秋田城を修復して帰京するが、清原令望は秋田城司となって、出羽にとどまった。

奥羽に勢力をはった清原氏は、この清原令望がそのまま土着した後裔、あるいは令望と現地豪族の娘との間に生まれた子が勢力をのばし、豪族となった後裔、という説もある。

いずれにせよ、鎮守府将軍というポストは、中央の武人が任命されるのがつねで、それまで現地豪族が任じられるということはなかった。武則は異例なことに、その鎮守府将軍になったのだから、中央清原氏の流れをくむのではないか、というのである。

とはいえ、実際に清原武則は俘囚長であった。それが鎮守府将軍に任じられて鎮守府の置かれた胆沢城《いさわじょう》（岩手県水沢市）に進出し、また安倍頼時《よりとき》の娘を嫡子武貞《たけさだ》の後妻にしたこともあって、広大な地域に覇権を確立することができた。この支配権は武則から子の武貞、孫の真衡《さねひら》へと受け継がれていく。

しかし、清原家には複雑な家庭事情があって、真衡の代に対立が生じる。武貞の後妻になった安倍頼時の娘には、清衡《きよひら》という連れ子がいた。のちに奥州藤原家の初代となる男だ。一方、武貞にはすでに嫡子真衡がいる。その後、武貞と後妻の間に家衡《いえひら》が生まれる。それぞれ父母の異なる三兄弟で構成されていたわけだ。

真衡が清原家の当主になっていたころは、清衡の力もあなどれなかったし、家衡の信望も厚かった。だが、真衡は祖父や父と異なって格別の武功はない。それにもかかわらず自尊心が強く、傲慢だった。そのため真衡は、積極的に主従関係をつくりあげ、自分の権威を誇示しようとした。

他の人にたいするときは、自分だけが床几に腰かけ、相手を立たせておくし、挨拶はひざまずかせた。それは相手が清衡でも家衡でも同じである。こうした真衡の傲慢さが一族のなかに不満を生み、やがて後三年合戦となって爆発し、結局は清原家を滅亡させてしまうのである。

なぜ清原家に内紛が起こったのか

先に述べたように清原武則《きよはらのたけのり》の孫、真衡《さねひら》の代になると、清原嫡流の権威が強まり、一族のなかにも主従関係ができあがった。かつては対等の地位にあった者も家人となり、服従を迫られるようになったのである。

真衡によって急激に家風を変えられたのだが、長老のなかにはむかしを懐かしく思い、臣下の扱いに不満を抱く者も出てくるようになった。

ことに不満が強かったのは、吉彦秀武《きみこのひでたけ》である。秀武は武則の母方の甥であり、しかも武則の女婿だった。つまり、真衡の叔父に当たる。前九年合戦では武則とともに活躍しただけに、真衡に臣下同様の扱いを受けることにがまんがならなかったのである。

しかし、家衡《いえひら》とは気が合った。秀武は金沢柵《かねざわのさく》（秋田県横手市）を治めていたが、家衡がそこを訪れ、話し込むことも少なくなかった。

真衡の心残りは子のないことである。しかも猜疑心が強かったから、清衡《きよひら》や家衡の子を養子にもらえば、清原家を奪われてしまうことになる、と不安を抱く。そこで真衡は、まったく血縁関係にない成衡《なりひら》を養子にもらった。

永保《えいほ》三年（一〇八三）、その成衡に妻を迎えることになった。妻に迎える女は常陸《ひたち》国（茨城県）の多気権守宗基《たけのごんのかみむねもと》の孫娘、すなわち宗基の娘と源頼義《みなもとのよりよし》との間に生まれた娘である。源義家《よしいえ》の異母妹に当たる。真衡は、この結婚によって成衡と義家とは義兄弟になるし、むろん自分も縁つづきになると計算していたのかもしれない。

婚礼の日、多くの一族や家人とともに招かれた秀武は、お祝いに駆けつける。祝儀として朱の盆に砂金を積みあげ、それを捧げながら、庭前でひざまずき、祝意をあらわした。ところが、真衡は奈良法師と碁を打っていて、秀武の挨拶に気がつかなかった。これは不幸なことというしかない。

秀武はそのままの姿勢でじっとしていたが、いくら待っても真衡は見向きもしないし、言葉もかけない。砂金をのせた盆は重く、捧げているのが辛くなる。やがて怒りにつきあげられた秀武は、砂金の盆を庭にたたきつけ、帰ってしまったのである。

秀武は屈辱的な扱いを受けたことに腹を立て、宿所で身支度をすると、金沢柵へ帰った。しかし、残念ながら自分だけでは真衡に対抗できない。そこで真衡に反感を抱いている清衡と家衡に使者を送り、応援を求めた。

父や母が異なるとはいえ、三人は兄弟である。ところが、真衡は奥羽の支配者として、弟といっても特別な処遇をせず、従者並みの扱いをしてきた。かねてからそのことが清衡にも家衡にも少なからず不満だったから、秀武の挙兵に応じたのだ。

一方、腹を立てたのは真衡も同じだった。まことに迂闊としかいいようがないが、秀武のことを聞いたのは、碁を打ち終わってからである。

しかも、その事後処理は、一族の長らしからぬ思慮のないものだった。突然、怒り出し、成衡の婚礼だというのに、あわただしく兵を集め、秀武を追って出羽へ攻めたのである。

清衡と家衡は手はずどおり、その留守のすきをねらって兵を挙げ、真衡の本拠地衣川館《ころもがわのたち》をめざした。豊田館《とよだのたち》（岩手県奥州市）を出発した清衡は、衣川館（岩手県奥州市）を目前にした胆沢郡前沢を襲い、四百軒ほどの民家を焼き払う。やがて家衡軍が合流し、衣川館の出城である白鳥柵を攻めた。

このことはすぐに金沢柵に迫った真衡の耳にとどく。清衡と家衡が秀武に加担し、攻撃してくるとは、真衡には思いもよらないことだったのだろう。真衡は急いで軍をまとめ、出羽から引き返す。だが、衣川館に戻ったときには、すでに清衡と家衡の軍勢は姿を消したあとだった。こうして後三年合戦は、清原家内部の私闘としてはじまったのである。

ちょうどそのころ、永保三年（一〇八三）秋のことだが、源義家《みなもとのよしいえ》が陸奥守兼鎮守府将軍として、ふたたび多賀城に赴任してくる。すでに義家は四十五歳。武家の棟梁となり、中央政府でも名望を集めるようになっていた。

源氏によって奥羽の地を支配する。義家は父頼義以来の野望を、今度こそ実現しようと意気込んでいた。真衡にとっても、義家は成衡の義兄だけに赴任を喜んだ。さっそく馬や砂金などの貢物をたずさえて多賀城に参上し、状況を報告すると、数日後にはふたたび秀武追討のため、出羽に出陣していった。

義家も武家の棟梁だけに、真衡の家長中心主義は納得できたし、そうでなければならないと考えていた。したがって、陸奥守として清原家の内紛を調停するとはいえ、真衡を支持するという立場は最初から決まっていたのである。

真衡が出羽に出陣すると、またしても清衡と家衡の軍勢が白鳥柵を攻撃してきた。それを聞いた義家は国司軍を率いて、清衡と家衡の軍勢を追い、背後から襲いかかっていく。義家にとって、まさに父頼義が望んでなれなかった奥羽の覇者となる好機である。自然、熱が入った。

戦《いくさ》慣れした義家の軍勢に攻められて、さすがの清衡と家衡も大きな打撃を受け、降参してしまう。ところがその直後、秀武追討に向かった真衡が突然、陣中で病死してしまったのである。

このため、秀武追討もうやむやになってしまった。義家にしても紛争の火種が消えては、どうすることもできない。もとはといえば、真衡が一族の長老に傲慢無礼な態度をとったことが発端となり、内紛に発展したのである。それだけに、神妙にしている清衡や家衡を攻め立てることもできない。そんなことをすれば、陸奥守の権威を落とすばかりだ。

そこで義家は二人を許し、奥六郡のうち、清衡には南三郡の胆沢《いさわ》、江刺《えさし》、和賀《わが》、家衡には北三郡の稗貫《ひえぬき》、志波《しわ》、岩手《いわて》と三郡ずつをあたえ、事態の収拾をはかったのである。

このとき、清衡は二十八歳。すでに豊田館に妻子とともに住んでいたが、豊田館といえば、亡き父経清《つねきよ》が居城としていたところであり、清衡が生まれた場所でもある。一方、家衡は出羽仙北の沼柵《ぬまのさく》（秋田県横手市）に本拠を置いていた。

このままで終われば問題はないのだが、まもなく新たな紛争が起こるのだ。

清衡と弟の家衡はなぜ争ったのか

清原真衡《きよはらのさねひら》の急死によって、清原の遺領である奥六郡は清衡《きよひら》と家衡《いえひら》に、平等に三郡ずつ分けられた。ところが、応徳《おうとく》二年（一〇八五）、今度は清衡と家衡とが対立し、争いはじめたのである。

仕掛けたのは家衡で、理由は単純なことだった。家衡は真衡がそうであったように、奥六郡の長として自分一人で支配したい、と思っていた。奥六郡を折半したのが気に入らないと、不平を鳴らしたのだ。

清衡は清原氏の一員とはいえ、前九年合戦で源頼義《みなもとのよりよし》、義家《よしいえ》を苦しめた安倍頼時《あべのよりとき》の外孫である。それに清原氏と血縁がつづいているわけではない。にもかかわらず、清原の遺領を半分もとるのは理屈にあわない、などと考えていたのだろう。

家衡は義家に向かって、清衡を讒言したが、義家はそれを無視して取り上げようとしない。そこで家衡は清衡を暗殺しようと、ひそかに江刺《えさし》の豊田館《とよだのたち》を襲撃したのだ。

豊田館には清衡と清原一族から迎えた妻、それに幼い嫡男がいた。警固兵は六十人ほど。だが、しのび寄った二百人ほどの兵に火矢を射かけられ、館は混乱する。清衡は夜陰に乗じて逃れたものの、一族郎党はすべて殺されてしまった。

清衡は馬を走らせ、多賀城にいる義家に報告し、助けを求める。義家はさっそく家衡追討を決定、兵を集めたのである。

翌応徳三年（一〇八六）五月には、源義家みずから数千騎を率い、家衡のこもる出羽国沼柵へ出陣。清衡も二千の兵を率い、義家にしたがっていた。むろん、家衡の軍勢も激しく迎撃する。しかも家衡軍にはゲリラ戦の得意な者が多くいたから、義家軍は攪乱され、思わぬ苦戦をしいられた。

こうして数か月、一進一退の攻防戦をくりかえしているうちに、冬が訪れる。寒気と飢餓のため、凍死者が続出し、義家軍は難渋した。

一方、家衡軍には叔父の武衡《たけひら》（武貞の弟）が合流、ますます意気盛んとなった。武衡の意見もあって、金沢柵《かねざわのさく》（秋田県横手市）を新たな拠点とし、そこへ移動して万全の準備をととのえたのである。

義家・清衡の連合軍は、劣勢のまま月日が流れていく。当時、義家には義綱《よしつな》と義光《よしみつ》の二人の弟がいた。義綱は四十三歳で、検非違使《けびいし》の長官。義光は三十七歳、領国の常陸《ひたち》（茨城県）から上京し、左兵衛尉《さひょうえのじょう》に任ぜられていた。

義綱は奥州での戦いを清原一族の内紛とみて、それに巻き込まれた兄義家を馬鹿呼ばわりする。だが、義光は義家を尊敬していたこともあって、兄の苦戦を耳にし、応援に駆けつけようと思った。

義光は奥州行きを認めてもらおうとしたが許されず、左兵衛尉という官職を投げ捨てて、奥州へ向かったのである。

義光が常陸へ寄り、二千人ほどの兵をつれて到着したのは、寛治《かんじ》元年（一〇八七）九月のことだった。多賀城はやっと活気に満ちた。義家も大いに力づけられ、金沢柵の攻略に知恵をしぼった。

家衡、武衡らがこもっている金沢柵の周辺には、多くの援軍がつめかけ気勢をあげている。そこへ義家、清衡が攻撃をかけたのだ。だが、金沢柵は広大で、しかも堅牢だった。義家の武将たちが柵近くまで押し寄せても、柵のなかから矢の雨が降りそそぎ、退却せざるをえない。清衡の軍勢も柵の周囲を駆けめぐり、柵への進入を試みたが、結局は成功しなかった。

やがて金沢柵からは家衡や武衡が数千人の兵を率いて出撃し、義家・清衡連合軍に攻めかかる。必死の思いで迎え撃ち、さらに押し返す。こんな状態がつづくばかりで、金沢柵はなかなか落ちない。

そうしたさなかのことだが、後三年合戦を仕掛けた吉彦秀武《きみこのひでたけ》が寝返り、義光の陣営に投降してきたのだ。当初、家衡は秀武を頼りにしてきたのだが、叔父の武衡が加わると、秀武を軽視しはじめ、臣下のように扱った。そのことも離反する原因となったが、結局は「家衡軍に利あらず」と悟ったことが、秀武を決意させたのである。

秀武の話で、家衡軍は兵糧不足で飢えに悩まされていることがわかったため、義家・清衡軍は金沢柵の大包囲作戦に踏み切った。やがて家衡軍の勢力は弱まり、もはや包囲網を突破する力もない。そのため、家衡は籠城して時をかせごうとする。

しかし、すでに季節は冬になっていた。ますます兵糧不足が深刻化し、戦意を失う兵士も少なくなかった。

十一月十四日の夜明け前、突如として金沢柵に火の手があがる。なぜ燃えたのか不明だが、人びとが炎のなかを逃げまどう様子は、さながら地獄だったという。

武衡の最期はぶざまだった。金沢柵が落ちたとき、武衡は池に飛び込み、草むらに隠れていたのである。結局はみつかって池からひきずり出され、斬首された。

家衡は自分の愛馬が敵方に渡るのを惜しみ、自ら射殺したあと、卑しげな下郎にばけて逃走しようとした。ところが途中で見破られ、討たれたのである。こうして二か月におよぶ兵糧攻めのすえ、金沢柵はついに落ち、後三年合戦は終結した。

義家から、京都の中央政府へ戦勝報告が届いたのは、十二月二十六日である。この戦いへの義家の介入は、国司として清原一族の内紛を調停するそぶりを見せながら、じつは清原権力を分裂させ、そのうえに源氏支配を確立させようとするものだった。おそらく中央政府も、義家の意図を察知していたのだろう。政府はこの戦いを私闘と断じ、義家に恩賞をあたえなかった。

「後三年合戦」関係図

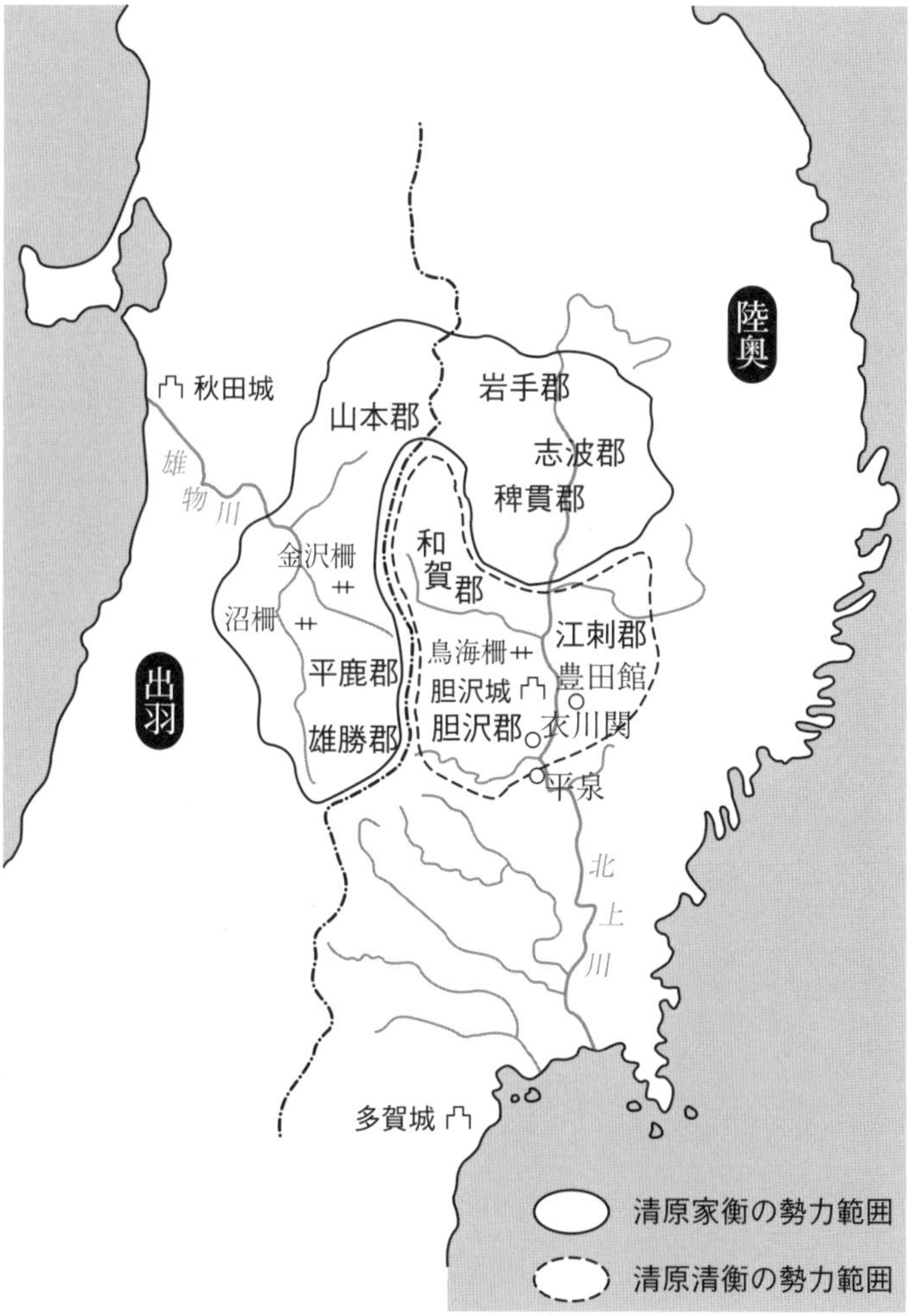
陸奥
出羽
秋田城
雄物川
山本郡
岩手郡
志波郡
稗貫郡
和賀郡
金沢柵
沼柵
平鹿郡
雄勝郡
鳥海柵
胆沢城
胆沢郡
江刺郡
豊田館
衣川関
平泉
北上川
多賀城
清原家衡の勢力範囲
清原清衡の勢力範囲

中央政府にしてみれば、最大の関心事は官物（庸・調）が円滑に納入されることだった。清原氏は国宣《こくせん》を尊重し、貢納を怠らなかったから、政府にとっては好ましい存在である。ところが、義家はその清原氏を攻め、国務を滞らせた。これが失策と評され、義家は陸奥守の任を解かれて、失意のうちに京へ帰らなければならなかった。

この結果、奥羽の広大な地域は藤原清衡のものとなる。清衡三十二歳。やがて平泉の王者として、奥羽に覇権を確立していく。

第二章　藤原清衡

清衡が育った複雑な環境とは

藤原清衡《ふじわらのきよひら》は、金沢柵が陥落し、後三年合戦が終わったとき、三十二歳であった。家衡と武衡が殺されていたこともあって、清原氏本宗家でのただ一人の生存者として、奥羽の支配者となった。寛治《かんじ》元年（一〇八七）のことだが、清衡の所領は陸奥、出羽に一万余村あったという。

その後、嘉保《かほう》年間（一〇九四～九五）になると、居館を平泉へ移し、豊かな黄金を背景に文化都市の建設に着手する。やがて平泉は京都につぐ、わが国第二の都市へと発展していくのである。

先に述べた後三年合戦では、清衡は主役の一人として舞台に立ったが、清衡の生い立ちはどうだったのだろうか。

藤原清衡は天喜《てんぎ》四年（一〇五六）に生まれた。父は陸奥国亘理《わたり》に勢力を張っていた藤原経清《つねきよ》、母は奥六郡を支配した豪族、安倍頼時《あべのよりとき》の娘である。経清の先祖は京都貴族の流れをくむ藤原秀郷《ひでさと》だ。つまり、清衡には京都貴族と蝦夷《えみし》の血が流れていたわけである。

藤原清衡（毛越寺蔵）

清衡が生まれたのは、前九年合戦のさなかで、父の経清は戦場を駆けめぐっていた。当初は政府軍として戦ったが、安倍頼時の娘を妻にしていることもあって、のちには安倍軍に寝返り、知将ぶりを発揮して源頼義《みなもとのよりよし》率いる政府軍を悩ませた。

しかし、利あらずして康平《こうへい》五年（一〇六二）、安倍軍は完敗する。経清は斬首となり、前九年合戦が終わる。清衡はまだ七歳。しかも激動がつづいたため、ほとんど父を知らずに育った。

その後、清衡はどうなったか。安倍家が滅亡しており、清衡も本来なら救われるはずがなかった。しかし、母が勝者となった清原武則《たけのり》の嫡男武貞《たけさだ》と再婚したことで、生きのびることができたのである。

前九年合戦のとき、安倍軍の最後の拠点となったのは、厨川柵《くりやがわのさく》（岩手県盛岡市）であった。安倍頼時の嫡男貞任《さだとう》がここを守備していたが、二万人の大軍を率いる源頼義に敗れ、貞任は戦死してしまった。

多くの女たちは川に身を投じて果てたというが、それでも厨川柵には四十数人の女たちが生き残っていたのである。清原軍はその女たちを、いわば〝戦利品〟として、衣川館《ころもがわのたち》につれ帰った。そのなかに経清の妻と子の清衡がいた。おそらく、その秀麗な容姿が目にとまったのだろう。清原武貞が妻とした。だから清衡は命を助けられ、武貞の子として扱われることになったのである。

むろん、清衡の母が武貞の妻になったとはいえ、武貞にはかつて妻がいたし、真衡《さねひら》という男子もいた。しかも清原氏は夫と生家安倍氏の仇敵である。だが、こうした戦乱の世であり、まして未成年の子がいては、かつての敵方の世話を受けるのもやむをえないことだった。

いずれにせよ、清衡は少年期から敵方の家に養われたため、清原家の一員でありながら、俘囚長である安倍家の血をひくということで蔑視されるなど、辛い思いもしたのである。

清衡は治暦四年（一〇六八）、十三歳で元服したが、清衡と名乗るようになったのはこのときからだった。

やがて清衡の母は、武貞との間に家衡《いえひら》を産む。清原家は武貞の嫡男真衡、連れ子の清衡、異父弟の家衡と、それぞれ父母の異なる兄弟で構成されていたわけである。

清衡はそうした複雑な環境で育ったが、しかし、それゆえに人間的な成長を遂げた、といっていい。

なぜ清衡は上洛したのか

藤原清衡《ふじわらのきよひら》は、後三年合戦が終わった寛治元年（一〇八七）、三十二歳で奥羽の覇者になった。中央政府は、さっそく清衡の動向に注目しはじめた。清衡も中央の動きに関心を抱いている。

清衡はやがて寛治五年（一〇九一）十一月、上洛し、ときの関白藤原師実《もろざね》に名産の馬や砂金などを贈って、中央と結びつきを強めた。といって清衡は中央に媚を売り、官位を望もうとしたわけではない。

清衡は奥羽の独自性と平和を守ろうとしたが、しかしそれは、孤立するということではなかった。自らの政権を確立し、これを守るために、ある程度の距離を置きながらも中央と結びつきたい、と考えていたのである。

むろん、いきなり上洛しても、すぐに政府首脳の摂政や関白に面会できるわけではなかった。それ以前の寛治《かんじ》二年（一〇八八）、陸奥守だった源義家《みなもとのよしいえ》は解任されて京都へ帰り、その後任には藤原基家《もといえ》が赴任している。上洛にあたっては国司基家のすすめがあったろうし、頼りになるのは義家の存在だ。清衡は、義家に根回しをしてもらえば、関白への面会も実現するだろうと、準備をすすめていた。

ところが、そろそろ出発しようとしていた矢先の寛治五年六月、中央では義家と弟の義綱《よしつな》が対立し、源氏の内紛が表面化したのである。かねてから河内の所領をめぐって、義家の家臣藤原実清《さねきよ》と義綱の家臣清原則清《きよはらののりきよ》とが争っていたが、そこに義家と義綱がそれぞれ肩入れし、あわや合戦というところまで発展してしまった。関白師実の仲裁によって、たがいに兵を引き、合戦にならずにすんだものの、中央政府は義家にたいして、きびしい処分をしたのである。

義家も義綱も故頼義《よりよし》の子である。奥州で起こった前九年合戦では父にしたがい、めざましい軍功をたてた。その後、後三年合戦が起こり、義家は永保《えいほ》三年（一〇八三）九月、陸奥守兼鎮守府将軍として赴任してくる。そのころ、清原家衡と真衡とのあいだに内紛が起こるが、これが引金となって後三年合戦へと広がっていく。

義家は家衡を攻め、後三年合戦を鎮定した。だが、中央政府は、後三年合戦を私闘とみなして論功行賞をしなかった。そこで義家は、やむなく私財をもって郎党に恩賞をあたえたのである。このため、義家の信望が高まり、諸国の有力な農民があいついで田畑を義家に寄進するようになった。

義家の勢力が強大になることを恐れた、中央政府は寛治五年（一〇九一）六月十二日、弟の義綱との対立をきっかけに、義家が兵を率いて入京すること、諸国の農民が義家に田畑を寄進することを禁止している。

清衡が上洛したのは、この源氏の内紛が解決してからのことだ。上洛するといっても、それほど簡単なことではない。陸奥の豊田館《とよだのたち》（岩手県奥州市）から京都までは約千キロ、約四十日間の長旅である。川舟で下ったり、陸路を馬に乗っていく。むろん、いまのようにホテルやレストランが完備しているわけではない。泊まる場所をさがすのもたいへんだったし、食事にも苦労する。そのうえ、盗賊が現れ、荷物を強盗することも少なくなかった。

上洛して関白にしかるべき挨拶をするには、それ相応の手みやげが必要となる。陸奥特産の砂金や絹布、漆《うるし》などを馬の背にくくりつけて運んだはずだ。おそらく清衡は数十頭の馬を用意し、百人以上の人夫や武装した警固兵をつれて、旅の途についたことだろう。

京都に到着したのは晩秋である。関白師実に面会するまで、半月か一か月はかかったにちがいない。後二条師通《ごにじょうのもろみち》といえば師実の子で、のちに関白職についた人物だが、彼の日記『後二条関白記』は寛治五年（一〇九一）十一月十五日の日付で、つぎのように記している。

「午後十時ごろ、盛長朝臣《もりながあそん》がやってきて伝えた。関白殿（師実）の御使いですが、陸奥の住人清衡が馬二頭を進上してきたことを伝えよ、とのことです、と。たしかに承った。文筥《ふばこ》を開いてみたところ、二通の解文《げぶみ》（報告書）と申文《もうしぶみ》（上申書）とが入っていた、というのである」

清衡は陸奥の名産である馬を進上して、ときの関白師実に結びつこうとしたのである。

では、清衡が師実に差し出した解文、申文の内容は、どのようなものだったのか。現物が残っていないので、その内容は不明である。しかし、一通は荘園を寄進しましょうという内容であり、もう一通は押領使《おうりょうし》など官位の任命を請願する内容だったのではないか、と考えられている。

荘園については、のちのことだが、陸奥国の本良荘《もとよし》（宮城県本吉町）、高鞍荘《たかくら》（岩手県花泉町）、出羽国の遊佐荘《ゆさ》（山形県遊佐町）、大曾禰荘《おおそね》（山形市）、屋代荘《やしろ》（山形市）などが摂関家領となっている。しかも、これらは摂関家にとってかなり収入の多い所領となっていたようだ。

もう一つつけ加えると、当時は白河上皇《しらかわじょうこう》の院政時代である。院政は、幼少の天皇をたて、上皇や法皇が院庁を設置し、国政をとることだが、これは応徳三年（一〇八六）、白河上皇がはじめて行ない、鎌倉幕府の創設までつづく。清衡が上洛したとき、白河上皇の院政は六年目になっていた。

この院政のもとにあって、院庁と摂関家という二つの政治勢力が並立し、その力を競ったわけである。もっとも、摂関家勢力は藤原道長《みちなが》のころを頂点に、すでに下降線をたどっており、師実のころには勢力が低下していた。その背景には、荘園整理によって藤原氏の経済的地盤がゆるいだことなどがある。

しかし、白河上皇の中宮賢子《けんし》（源顕房《あきふさ》の娘）が、師実の養女として入内《じゅだい》していたから、師実は上皇の外戚として、少なからず権勢を保っていた。一方、源氏が台頭しつつあるとはいえ、まだそれほどの力はない。その隙をついて、清衡は、京都で尊敬を集めていた師実と結ぼうとしたのだ。

清衡は関白師実に面会したことによって、中央でも知られる存在となった。それ以降も清衡は摂関家に貢馬、貢金、荘園寄進などを行ない、中央政府とのパイプを太くしていったのである。

本当に清衡は叛乱を企てたのか

清衡《きよひら》が京都から陸奥へ帰ってきたのは、翌寛治《かんじ》六年（一〇九二）の晩春である。ところが、それからまもなくの六月、陸奥守藤原基家《ふじわらのもといえ》は、中央政府に急使を派遣し、「清衡が自分の制止もきかずに兵を挙げ、戦闘をはじめた。叛乱を企てている」と報告し、その処理をどうするか、お伺いをたてた。

本当に清衡は叛乱を企てたのか。

清衡は京都から帰国してすぐ、多賀城《たがじょう》（宮城県多賀城市）を訪れ、国司の基家へ報告をした。関白師実《もろざね》との面会がうまくいったことに謝辞を述べ、京の町の賑わいに驚いたことなど、熱っぽく語った。むろん京のみやげを進上することも忘れない。

しかし、基家はそうした清衡の話を聞いて、警戒心を抱いた。国守である自分をないがしろにして、中央政府と直結するつもりではないのか。積極的に干渉しようとは思わなかったが、国守の権威は維持したい。それが基家の本音だった。

やがて、多賀城の基家のもとに「清衡が兵を挙げ、各地で戦闘を行なっている」という知らせが届いた。基家は、国守の権威を示す好機とばかりに、中央政府に報告し、その後の指示を仰いだのである。

ところが事実はちがって、叛乱などではなかった。当時、清衡が奥羽の支配者になったとはいえ、後三年合戦が終わって、まだ五年しかたっていない。なかには清衡に反感を抱き、抵抗活動に出る者もいた。清衡は奥羽の平和を願っていたが、そのためには抵抗する者を鎮圧しなければならない。そこで軍事行動に出たのだ。したがって清衡の軍事行動は、基家が心配したような中央政府への叛乱ではなかった。あくまでも清衡に抵抗する者たちを鎮圧するための、小規模な局地戦にすぎなかったのである。

中央政府でも、そうした事情を察知していたのだろう。また、基家がいくら理屈をつけ、清衡を征伐するために国司軍を動かしても、清衡に勝つことは不可能だと知っていた。むしろ、逆に大敗北しかねない。よしんば政府軍を派遣するにしても、中央政府にはそれだけの余裕がなかった。結局、基家のところには、政府からの沙汰がなにもなく、うやむやのうちに終わってしまった。

その後、基家は寛治七年（一〇九三）九月、多賀城で死亡している。かわって陸奥守となったのは源義家《みなもとのよしいえ》の弟義綱《よしつな》だが、義綱は京都にとどまったまま赴任しようとはしなかった。

そのころ、出羽では国府（山形県酒田市）が焼き打ちにあう、という事件が起きた。国府近くに勢力を張る平師妙《たいらのもろたえ》と子の師季《もろすえ》が叛乱したのである。おりから出羽守信明《のぶあき》が中上《なかのぼ》りといって、任期途中の上洛をして留守だった。

おそらく信明の収奪があまりにもひどかったのだろう。平師妙、師季は兵を率いて館を襲い、財宝を奪ったうえに、火を放ったのだ。知らせを受けた信明は、急いで引き返したが、平師妙の軍は強く、少数の国府軍は逆に撃破されてしまった。なんとも情ないことだが、平師妙は山中に敗走し、そのまま行方をくらましたのである。

平師妙は前九年合戦のとき、安倍軍として戦った勇将平国妙《くにたえ》の子だという。また、清衡の父経清《つねきよ》は国妙の外甥《がいせい》ともいわれるが、そうだとすれば清衡と師妙は遠縁にあたる。しかし、それにもかかわらず、清衡は平師妙追討に加担した。武力によってでも奥羽から争いをなくし、平穏な地域にしたい、という思いが強かったようだ。

平師妙親子の叛乱は、すぐ中央政府にも知らされた。政府は源義綱を陸奥守に任じ、平師妙追討を命じる。義綱はさっそく二百人ほどの郎党を派遣したが、清衡はその義綱の郎党たちに力を貸した。地理に明るい清衡軍が探索に協力したことで、まもなく平師妙、師季らは捕まり、斬首されてしまった。

義綱が出馬する前に、平師妙追討は終わっていたのである。寛治八年（一〇九四）三月八日、義綱は師妙、師季の首を掲げて凱旋したが、京都の人びとはその行列を見ようと、たいへんな騒ぎだったようだ。だが、その後、義綱は美濃守に転任する。

この叛乱事件が決着して、奥羽には平穏な日々がつづく。清衡はいよいよ新しい都市の建設をめざして動き出すのである。

清衡はなぜ平泉へ移ったのか

後三年合戦のあと、ふたたび豊田館《とよだのたち》（岩手県奥州市）に住んでいた清衡《きよひら》は、そこを本拠として新しい都市づくりの構想を練り、具体的な準備に着手した。

しかし、上洛して関白師実《もろざね》と会見し、抵抗する者たちを鎮圧してしまうと、清衡の気持ちに変化が出てきた。豊田館を軸とした都市づくりを進めるのではなく、新しい土地に、新しい都市をつくりたい、と考えはじめたのである。こうして清衡は平泉へ移った。

清衡が豊田館を引き払い、八里ほど南下した平泉に新しい館をかまえたのは、『吾妻鏡《あずまかがみ》』によれば、康保《こうほ》年間（九六四〜九六七）のことだという。しかし、これでは清衡が生まれるはるか以前のことになり、誤記であることが明らかだ。実際には康和《こうわ》年間（一〇九九〜一一〇三）ごろ、平泉に館を建てて移った、と考えられている。

では、なぜ清衡は平泉へ本拠を移し、新しい都市をつくろうとしたのか。

理由はいくつかある。その一つは、清衡にとって衣川《ころもがわ》を越え、南下するということに大きな意味があった。

平泉の西北、衣川北側の地域は衣川と称され、かつて俘囚《ふしゅう》の地とされた奥六郡を支配していた安倍氏の本拠、衣川館《ころもがわのたち》があった。現在、残念ながらその正確な場所はわかっていないが、奥六郡の南端胆沢《いさわ》郡のさらに南端、中央政府の支配地磐井《いわい》郡との境近くに位置していた。つまり、衣川が俘囚の地と政府支配地とを分ける境界線だったのである。

したがって、この境界地帯で、もし安倍氏が衣川を越えて南進すれば、政府支配地を侵犯したことになる。安倍氏は、その境界近くに衣川館をかまえて本拠とし、さらに衣川を越えた南に、前線の軍事基地として衣川関を築いた。このために前九年合戦が起こり、安倍氏は滅亡してしまった。

だが、清衡はあえて衣川を越え、平泉に本拠をかまえたのである。清衡にとって、衣川を越えて本拠を置くことは、かつて安倍氏が支配した奥六郡から奥州中央への

高館からの眺望　北上川と東稲山（平泉観光協会提供）

進出を意味した。同時に、それは中央政府の権威がおよぶ地域へと、一歩近づくことでもあった。こうして清衡は、独自の平泉政権を中央政府に認めさせようとしたのである。

もう一つの理由は、地形である。平泉の地形は、京都によく似ていた。たとえば、東に流れる北上川は現在の位置よりもっと東側を流れ、桜川と呼ばれていた。これは京都の賀茂川に相当する。そのさらに東にある東稲山《たばしねやま》は、東山に見立てられる。北上川の両岸にひらける平野部は、むろん京の町よりはるかに狭い。しかし、寛治五年（一〇九一）に上洛し、京都の町を見ていた清衡は、似たような印象を受けたのだろう。

しかも、当時のわが国では、王都をつくるにあたっては中国の考え方を取り入れ、「四神相応《しじんそうおう》」の地相を備えていることを条件とする、という考え方があった。

四神とは四方の神のことで、東は青竜《せいりょう》、西は白虎《びゃっこ》、南は朱雀《すざく》、北は玄武《げんぶ》を当てた。地形でいえば、東の青竜は流水、西の白虎は大道、南の朱雀はくぼ地、北の玄武は丘陵とし、こうした地相がもっとも貴いとされていたのである。京都はまさに、この四神相応の地相を備えていた。

平泉も同様の地形である。さらに広げてみると、三方が山に囲まれ、北上川に沿った南方が開けた要害の地であった。しかも、南が開けているため、わりと温暖でもある。

水利に恵まれている点も見逃せない。川は古くから文明を育み、文化を運んできた。その意味でも北上川のほとりは、都の地として最適だった。田畑に収穫をもたらしてくれるばかりか、舟で牡鹿湊《おじかみなと》（石巻）との間を容易に往来することができた。

北上川はバイパスというか、むしろハイウェイの役目を果たしたのである。このため、京や西国、蝦夷が島（北海道）との交易にも利用できた。

平泉の利点は、このようにいろいろあった。むろん、清衡が平泉の都市づくりをはじめるにあたって、そのすべてを具体的に考えたかどうかはわからない。おそらく建設が進むにつれて、新しい発想も湧いてきたことだろう。

また、清衡が平泉に京都と似た印象を抱いたとはいえ、京都と同様な碁盤状の町並みをつくろうとしたわけでもない。京都で見た建築物や庭園を模しながらも、北の都にふさわしい都市づくりを考えたのである。

清衡はなぜ中尊寺を建立したのか

平泉に本拠を移した清衡《きよひら》は長治《ちょうじ》二年（一一〇五）、中尊寺の造営に着手した。清衡五十歳で、この年に基衡《もとひら》が生まれている。中尊寺が完成したのは、その二十一年後の大治《だいじ》元年（一一二六）で、三月二十四日に落慶法要が行なわれた。

前九年合戦、後三年合戦と、奥州では長い間戦乱がつづき、敵味方ともにおびただしい人が死んだ。その戦乱に巻き込まれ、家を失い、悲惨な生活をしいられた人びとも少なくない。

清衡も、その戦乱のなかで人生の大半を費やし、身近な多くの人を死に追いやってきた。痛恨の思いや死者を弔う気持ちが強くなって当然だった。

長い戦乱が終わって、清衡は戦いで死んでいった人びとの霊を弔う決意をする。同時にこれからの平泉の平和を祈願し、あわせて国家守護の根本道場とするために、まず多宝寺を建立した。これはのちの大寺院中尊寺のさきがけとなるもので、本尊は釈迦如来である。

その後、嘉承《かじょう》二年（一一〇七）には大長寿院を建立し、天仁《てんにん》元年（一一〇八）には鳥羽《とば》天皇の許可をえて、金堂、左右の廊下二十二間、三重塔三基、二階建ての鐘楼・経蔵、大門三宇、そして大伽藍の建立を開始した。

こうした大事業だけに、人も必要だし、財力も欠かせない。当然のことながら近隣の金山から金が採掘され、その金で資材を買い入れ、京から多くの技術者を呼び寄せた。こうして平泉は日に日に人口が増え、活気が生まれていく。人が集まれば、行商人もやってきて市が立つ。物売りの声や人びとが往来する喧噪は夕暮れまでつづくようになった。

中尊寺の規模は『吾妻鏡《あずまかがみ》』によると、堂塔四十余宇、禅房三百余宇だったという。また、平泉は白河関《しらかわのせき》から外ヶ浜《そとがはま》（津軽半島の陸奥湾側）まで、奥州のほぼ中央に位置する。清衡の支配はその全域におよんでいたわけだが、白河関から外ヶ浜までは、歩いて二十数日かかった。清衡はその道の一町ごとに、金色の阿弥陀仏を描いた笠卒塔婆《かさそとば》を建てた、と伝えられる。

こうした発想は、先進都市の京都にもないものだった。それにもかかわらず、なぜ清衡はそうしたことをしたのか。

平泉のみならず、奥州そのものを仏国土にしたい、という願いを抱いていたことは間違いないだろう。しかし、当時は人間の内面に目を向けるのではなく、形あるものとして外に向かう風潮があった。清衡もその影響から逃れることはできなかった。

中尊寺は現在、当時のものは金色堂などわずかしか残っていないが、完成時には壮麗な甍《いらか》を競い、美術工芸の粋が結集されていた。そのころ、平安貴族のあいだで最高の奢侈《しゃし》文化といえば、七宝荘厳《しっぽうしょうごん》そのものだった。

七宝とは金、銀、瑪瑙《めのう》、瑠璃《るり》、硨磲《しゃこ》（白さんご）、真珠、玫瑰《まいかい》で、むろん七宝荘厳はその七宝で飾ることである。中尊寺もまた、京都の奢侈文化の影響を強く受け、七宝荘厳の寺院としてつくられた。

これを可能にしたのは、陸奥の金である。清衡はその金の力を使って、京都にもないものをつくろうとしたのだろう。大治《だいじ》元年（一一二六）、中尊寺の落慶法要が行なわれたとき、清衡は供養願文のなかでこう述べた。

「この寺は自分が全財産を投じて建立した。願わくは金銀和合して、自分のまことを照らしたまわんことを」

絢爛を誇った中尊寺だが、その後、建武《けんむ》四年（延元二＝一三三七）、野火にあって、金色堂と経蔵を残して焼け落ちた。

金色堂はなんのために建てられたのか

清衡《きよひら》は長治《ちょうじ》二年（一一〇五）から中尊寺の建造を進めていたが、やがて天仁《てんにん》元年（一一〇八）金色堂に着手する。わずか三間（五・四五メートル）四方、平屋造りの小さな堂だが、都にもないというほど技術の粋を集めて造営された。

京都から一流の大工や漆工、金工を呼び寄せたほか、財力に物を言わせてアフリカの象牙、南海産の夜光貝など珍しい材料を集めた。金色堂は、こうして十六年の歳月をかけ、ようやく天治《てんじ》元年（一一二四）八月二十日、清衡六十九歳のときに完成する。中尊寺の諸堂がそろい、落慶供養が行なわれたのは、その二年後、大治《だいじ》元年（一一二六）のことだ。

金色堂は棟木に建築主の墨書銘のあることで知られているが、これは当時としては珍しい。その墨書銘によると、建築主は藤原清衡と三人の女性であった。棟梁は物部清国《もののべのきよくに》である。

建物自体は小さいが、平泉文化の粋といって過言ではない。屋根は方形造《ほうぎょうづくり》で、ゆるやかな勾配と大きな反《そり》など、平安期の特徴的な建築様式を備えている。珍しいことに木瓦《きがわら》で葺《ふ》かれているが、当時、これには金箔が張ってあったのではないか、ともいわれる。

現在の金色堂はコンクリート製の覆堂におおわれ、さらにガラスケースに納められている。だが、建立当時は金色をさらして、地上に建っていたわけだ。その後、正応元年（一二八八）、鎌倉幕府によって、風雪から保護するため、金色堂をすっぽり包み込むように、木造の覆堂がつくられた。これは金色堂旧覆堂として現存する。

金色堂の内部だが、堂内には三つの壇があり、一つの壇に阿弥陀如来、観音二体、二天、六地蔵が一セットになって、それぞれ三つの壇に安置されている。つまり、合計三十三体の仏像が配置されているのだ。もっとも建立当初、壇は一つで、ほかの二つはのちに追加された。

また、内部は天井をはじめ、壁や柱、須弥壇《しゅみだん》など、あらゆるところに漆《うるし》を塗ったうえに金箔を張り、螺鈿《らでん》、蒔絵《まきえ》などで装飾をこらし、全体が美術工芸品に仕上がっている。

では、金色堂はどのような目的で建てられたのか。

金色堂の本尊、建築様式から阿弥陀堂として建てられた、という説がある。しかし、清衡がこれを建立したとき、彼は奥州の実力者であり、豊かな財力をもっていた。それゆえ、もし阿弥陀堂として建てるのであれば、小さなスペースに多くの仏像を配置するというのではなく、もっと規模の大きな堂を建てることができたはずだ。それをしなかったのは、別の意図があったからである。

よく知られているように、金色堂には初代清衡、二代基衡《もとひら》、三代秀衡《ひでひら》のミイラ化した遺体と、四代泰衡《やすひら》の首が収められている。金色堂が阿弥陀堂だったとすれば、このような遺体があるのは不思議である。

そこから、純粋に阿弥陀堂としてつくられたが、臨時に埋葬場とされた、という説が出る。しかし、そうであれば、当然ながら本葬を営む場所が必要となるが、平泉にはそうした場所、墓所と称するところはない。

金色堂は最初から墓堂として建てた、と考えるのが自然だし、実際、こうした考えが有力になっている。清衡を埋葬するための堂だったとすれば、のちに二つの壇を追加したということもうなずける。

つまり、清衡が没したあと、死体をミイラにして須弥壇の中央に安置したのである。その後、子の基衡の死体を向かって右の壇に、孫の秀衡の死体は左側に安置。平泉は鎌倉の源頼朝に攻撃されるが、戦死した曾孫泰衡の首は、須弥壇下に安置した、と考えるのが一般的だ。

しかも、仏像の様式から見て、三代順にそれぞれ年代が新しい。また、内部構造から見ても、最初から三壇をつくったのではないことが明らかにされている。最初に中央壇、つぎに左壇、そののちに右壇をつくって、あとから巻柱に穴を掘って据えつけたものという。しかも、左右壇は内陣の柱よりはみ出しているが、これは壇のなかに棺を納めるため、棺の大きさに応じて須弥壇をつくったせいではないか、と考えられている。

したがって、この金色堂ははじめに清衡の遺体を納める目的でつくられたが、のちに二代、三代の遺体を葬るために改造した、ということになる。それにしても、なぜこのような発想をしたか、など謎は多い。金色堂を金で飾ったことについては、墓堂を地上の極楽として表現しようとしたのではないか、とも考えられよう。いずれにせよ、結果的に、平安時代の典型的な工芸美を伝える数少ない堂となったことは間違いない。

第三章　藤原基衡

基衡が後継者争いで勝った理由は

清衡《きよひら》は大治《だいじ》三年（一一二八）七月十六日、七十三歳で死亡した。死因は脳溢血である。清衡は約三十年間、平泉の政庁建設や町づくり、中尊寺などの寺院造営、文化の興隆に力をそそぎ、平泉政権の基盤をつくりあげた。

清衡が死んだとき、二男の基衡《もとひら》は、二十四歳。知恵者といわれる基衡は清衡の遺産を受け継ぎ、約三十年間、平泉政権を担当し、平泉の安隠のために尽くした。また、大胆な南下策で領域を広げる一方、中尊寺をしのぐといわれる毛越寺《もうつうじ》を建立している。

その翌大治四年（一一二九）には白河法皇が七十七歳で死去し、鳥羽院政がはじまった。鳥羽は白河の孫で二十六歳。天皇家や摂関家に生じた不和が深刻化していく。そうした時代の動きを背景に、二代基衡の登場となったのである。しかし、清衡の死後、基衡へと、すんなり相続が行なわれたのではなかった。

基衡には惟常《これつね》という兄がいた。清衡の長男である。鳥羽《とば》天皇の皇后美福門院《びふくもんいん》の叔父、源師時《みなもとのもろとき》の日記『長秋記《ちょうしゅうき》』に「清衡の長男小館《こだて》と弟の御曹司《おんぞうし》」という記述がある。

長男の惟常が通称「小館」とよばれていたのにたいし、基衡は「御曹司」だ。これをみても、基衡が後継者として認められていたことがわかる。とはいえ、それほど早い時期のことではない。

惟常の生年は不詳だが、当時三十六、七歳ぐらいであった。

中尊寺が落成したのは大治元年（一一二六）。大事業を成し遂げた清衡に、ようやく後継者のことを考える余裕が生まれた。なぜ、長男の惟常にあとをゆずらなかったのか不明だが、その器

藤原基衡（毛越寺蔵）

量に問題があったのかもしれない。熟慮のすえ、清衡は、死の直前、二男の基衡を後継者と決めたのである。

だが、惟常はそれを不満に思った。当然ながら惟常の郎党たちにも無念の思いが強い。清衡の死をきっかけに、兄弟の仲が悪くなり、やがて惟常は武力を行使しても平泉政権を手にしたい、と思うようになった。こうして惟常はひそかに兵を集め、戦《いくさ》の準備を急いだ。

基衡もそれを知って、応戦の決意を固める。最初は無関心をよそおいながらも、手抜かりなく準備を進め、出陣の機会を狙っていた。いずれにせよ、戦いには先制攻撃ほど効果的なものはない。基衡は平泉軍を率い、先手をとろうと、惟常を襲ったのである。

これは大治四年（一一二九）の五月か六月ころのことと思われる。こうして後継者の座をめぐっての兄弟喧嘩が合戦へと拡大してしまった。

先に紹介した『長秋記』は八月二十一日付で、「陸奥国では清衡の二子が合戦し、国政はまったく停止状態だ」と記している。当時、すでに都にも陸奥国での合戦の様子が伝わっていたわけである。

基衡と惟常との戦いは、簡単には決着がつかなかった。もっとも当初、惟常側は郎党たちが結束して応戦したものの、ふいをつかれて苦戦をしいられ、敗北しそうに見えた。それでも惟常軍はよく持ちこたえ、激しく反撃したため、両軍の攻防戦は何度もくり返されたのだ。

やがて冬になり、休戦状態のままで年を越す。基衡が大軍をつぎ込んで惟常を攻めたてたのは、翌大治五年（一一三〇）春のことである。さすがの惟常軍も、長期戦のため疲労の色も濃く、耐えられなくなっていた。

基衡軍はさらに新手を加えたことから、その攻撃は激しさを増してくる。やむなく惟常は数少なくなった軍勢をひきつれ、出羽へ逃れていく。

当時、出羽国府は酒田の東方、城輪柵《きのわのさく》にあった。最上川の河口のそばで、海にも近い。清衡の最後の正妻は、平師妙《たいらのもろたえ》系の女とされるが、師妙系平氏一族は国府付近に勢力を張っており、惟常はそれを頼って出羽に逃れた、と考えられている。

ところが、基衡軍はそこへ追撃してくる。惟常は戦乱が拡大するのを避け、家族や郎党二十数人をつれてひそかに小舟に乗り、越後へ逃れようとしたのだ。基衡軍も小舟でそれを追う。だが、海上が大荒れとなり、惟常らの小舟は陸地に漂着してしまった。

陸上で待機していた基衡の軍勢は、それを取り囲んで矢を射かける。惟常の郎党はほとんどが射殺され、生き残ったのは惟常をはじめ、わずか数人だった。それもすぐ捕えられ、斬首となったのである。

こうして足かけ二年におよぶ兄弟の合戦は決着をみた。基衡は兄の惟常らを倒し、名実ともに平泉政権の二代目として、奥羽の支配権を確立したわけだ。

ところで、この合戦の顚末を京都に伝えたのは、『長秋記』によると「清衡の妻」だという。当時、清衡の妻は上洛し、検非違使《けびいし》の義成と再婚していた。それにもかかわらず、権門《けんもん》をたずね歩き、砂金やあざらしの皮といった珍宝を贈り、追従するというありさまだった。

なぜ、「清衡の妻」は、そんなことをして歩いたのか。一説によると、基衡の二代目就任を中央政府に認めさせるためだったという。それゆえに珍宝を贈り、謀叛人の惟常を征伐した基衡の正義を訴え、その人物を宣伝したというのである。

このとき、基衡は二十六歳。基衡はすでに安倍一族の娘を妻に迎え、保安《ほうあん》三年（一一二二）、二人の間に秀衡《ひでひら》が生まれている。その秀衡はもう九歳になっていた。

基衡はなぜ毛越寺を建てたのか

基衡《もとひら》は兄の惟常《これつね》を倒して奥羽の実権を握ると、毛越寺《もうつうじ》の建立に取り組んだ。天承《てんしょう》元年（一一三一）ころのことで、場所は中尊寺の南方、約半里ほど下ったところだった。

もっとも毛越寺は嘉祥《かしょう》年間（八四八〜八五〇）、円仁《えんにん》（慈覚大師）が開基したと伝えられる。これを基衡が再興したわけだが、完成したのは秀衡《ひでひら》の代である。

基衡の代にどこまでつくられたのか不明だが、寺塔の数は四十余宇、僧坊五百余宇もあったといわれ、規模では父清衡《きよひら》が建立した中尊寺をはるかにしのぐものだった。金堂は円隆寺《えんりゅうじ》と称し、金銀をちりばめ、紫檀《したん》や赤木などの銘木を用い、万宝で飾り、豊かに彩色された。そのほか、講堂、常行堂、二階建ての総門、鐘楼、経蔵などがあった。

本尊とした丈六の薬師如来、十二《じゅうに》神将《じんしょう》は雲慶の作である。雲慶とは運慶と混同さ

毛越寺の復原模型（復原設計・監修　故・藤島亥治郎　東京大学名誉教授、平泉文化史館蔵）

れやすい名だが、別人である。仏像に玉眼《ぎょくがん》を入れたのは、このときが初めてだという。

なかでも有名なのは、円隆寺の南側につくられた大泉《おおいずみ》が池《いけ》を中心とする広大な庭園だった。さらに南に南方門がある。池の大きさは東西約百八十メートル、南北六十～九十メートルで、洲浜や中の島、出島などのほか、築山や荒磯の石組みを配し、複雑な構成美をつくり出した。

南大門から円隆寺へ向かうには、大泉が池の南橋を渡って中の島に

毛越寺浄土庭園の大泉が池（平泉観光協会提供）

至り、さらに北橋を歩いていく。南大門の南側、東西に走る大路がつくられ、大路の周辺には家臣たちの住居、京都からやってきた下級貴族の邸宅が建設されるなど、大都市としての形を整えていった。毛越寺が造営されたのは、天承・長承年間（一一三一～三四）のことである。

おそらく京都から造園技術者を呼び寄せて造営したのだろうが、その景観は極楽浄土に見立てたとされ、それまでに類をみない造園形式だった。いずれにせよ、奥州藤原家にはそれだけ豊かな財力があったわけである。

しかし、この毛越寺は嘉禄二年（一二二六）の火災によって大半を焼失。さらに元亀・天正年間（一五七〇〜九一）に戦火のため、完全に焼失してしまった。その後、昭和五十五年（一九八〇）以来の発掘調査によって遺構が確認され、庭園は復元された。

それにしても基衡はなぜ、このような中尊寺をしのぐほどの毛越寺をつくろうとしたのか。それは基衡という人物の性格に由来する。

二代目といえば、初代の遺産を受け継ぎ、それを守ろうとするタイプが多い。だが、基衡はちがっていた。知恵者というだけでなく、兄惟常と相続を争い、出羽へ追いつめて討ち取ったことでもわかるように、謀略家でもあった。野望に燃えていた、といってもいい。

基衡が「国内無双の寺」をめざして毛越寺づくりに挑戦したのも、結局は父を乗り越えようとする意志のあらわれでもあった。当時は仏教が文化の基盤になつていたほか、広大な寺院はいわば富と権力のシンボルとされていたのである。

基衡は毛越寺を「国内無双の寺」にするため、技術の粋を結集しようとした。仏像の製作は奈良の有名な仏師、雲慶に依頼し、扁額は関白九条忠通《くじょうただみち》に、堂内の色紙形《しきしがた》は歌人、書家として知られる藤原教長《ふじわらののりなが》に染筆《せんぴつ》してもらった。

色紙形というのは屏風や障子などに、色紙の形の紙を貼ったり、その形の輪郭を描いたなかに詩歌などを書いたものだ。そうしたことに当代一流の人物を起用したのだから、おそらく毛越寺そのものがすぐれた美術工芸品になっていたことだろう。

むろん、関白に扁額の染筆をしてもらうというのは、並みの人物にできることではない。コネも必要だし、むろん相当額の謝礼金を必要とした。基衡はまさに金に糸目をつけず、強引にそれを成し遂げたのである。

それは雲慶への仏像の製作依頼によくあらわれている。『吾妻鏡《あずまかがみ》』文治五年（一一八九）九月十七日条によると、基衡は毛越寺金堂に安置する仏像の製作を依頼したとき、おびただしい財宝を二隻の船に積んで送り届けたという。

最初、基衡が製作を依頼すると、雲慶は「仏像には上中下の三種あるが、そのうちどれになさるか」と尋ねた。基衡は「中でお願いしたい」と答え、さっそく手付金として百両を支払った。商談成立である。

しかし、基衡はそれでよしとしない。さらに鷲の羽百羽分、水豹《あざらし》の皮六十余枚、安達《あだち》郡産の絹千疋、希婦《けふ》の細布《せばぬの》二千反、糠部《ぬかのぶ》産の駿馬百疋、白布三千反、信夫《しのぶ》郡産の毛地摺《もじずり》千反などのほか、山海の珍物を送りつづけた。仏像の製作には三年間を要したが、その間、陸路と海路に荷運びの往来が絶えることがなかったという。

完成したとき、基衡は特別手当として、生絹《すずし》を三艘の船に積んで送った。船三艘分とはかなりの量である。だが、それを受け取った雲慶は喜びながらも、冗談半分に「練絹《ねりぎぬ》だともっとうれしかった」といった。

生絹とは練らない生糸で織ったもので、生成《きな》りの絹布である。雲慶の冗談半分の言葉を伝え聞いた基衡は、さっそく練絹を船三艘分送ったというのだからすごい。いかに奥州藤原氏の財力が莫大なものだったか、物語ってあまりあるエピソードだ。

贈物のせいか、中の仏像を依頼したのに、完成したのは最上級の逸品だった。当然ながら都の噂になる。それを耳にした鳥羽法皇《とばほうおう》は、わざわざ雲慶の工房へ見に出かけた。金色に光り輝き、両眼に玉《ぎょく》を嵌め込んだ仏像を見て驚く。これほどの傑作は奈良にも京都にもない。しかも、その依頼主が基衡と知って、鳥羽法皇は仏像の持ち出しを禁じてしまったのである。

基衡のあまりにも露骨な金づくしのやり方が中央政府役人の反感を買ったのだ。とはいえ、基衡には困ったことになった。基衡は持仏堂にこもり、七日間も食事を絶って神仏の加護を求めたが、効果はまるでない。そこで関白忠通に「なんとかしていただきたい」と、頼み込む。当然ながら思い切った贈賄工作をしたのだろう。あっさりと搬出許可が出て、仏像を奥州平泉へ運ぶことができた。

このエピソードは、中央の貴族たちが奥州を軽蔑しながらも、奥州藤原氏の富に強い関心を寄せていたことをうかがわせる。基衡はそこをついて強引にことを進め、奥州勢力を都に認知させようとしたのである。

基衡と国司の争いの原因は

基衡《もとひら》の代も決して平穏ばかりではなかった。基衡が平泉の支配者となり、勢力を広げつつあったのを不快に思っていた陸奥守藤原師綱《もろつな》が、その前に立ち塞ったのである。検注《けんちゅう》（検地）を行なうなど、国司《こくし》の支配力を強めようとしたため、康治《こうじ》二年（一一四三）、国司との間に争いが起こった。

師綱《もろつな》が陸奥守に任じられ、多賀城《たがじょう》に着任したのは、保延元年（一一三五）のことである。おそらく陸奥の最高権力者として、その威力を存分に発揮し、国のために尽くそうと、覚悟を決めて赴任したのだろう。

ところが、実際に陸奥にきてみると、基衡が一国を押領し、国司の権威などどこにもなかった。師綱は領内を歩けば、自分にたいして、ひれ伏して敬うだろうと思ったのに、そんな様子もない。そればかりか、逆に人びとは基衡を敬い、ひれ伏さんばかりだったのである。国司の威光はどこにいったのかと、師綱にはおもしろくなかった。

といって、師綱はそれほど才能や実力があったわけでもない。ただ実直な政府官吏として白河法皇に仕え、ひとえに奉公した功労によって陸奥守に任ぜられた人物である。幅広い視野はないし、柔軟性にも欠けていた。

だから基衡にたいしてもきわめて堅苦しく、硬直した対応をした。たとえば珍しい物を贈られても突き返すし、自分の権威を見せつけようとして、つまらぬことを取り調べたりする。二人の間はぎくしゃくしたが、基衡はできるだけ平然としていた。

師綱にはそれがまた気に入らない。なんとか国司の威光を取り戻そうと、しまいには天皇の宣旨をえて、検注を行なおうとした。つまり、土地の立入り調査だが、これまでどの国司もやったことがない。師綱はあえて検注を実施し、基衡の不正をあばいて、その権威を失墜させようとしたのである。

検注の対象としたのは信夫《しのぶ》郡（福島県）で、基衡が新たに私領とした地域だった。師綱の意図を知ると、基衡はさっそく信夫郡の郡司佐藤季春《すえはる》に命じ、検注を妨害させた。

基衡は郡ごとに郡長官ともいうべき荘司《しょうじ》（荘園の管理者）を置いていたが、なかでも季春は清衡《きよひら》の代から仕えてきた老臣で、藤原一族への忠誠心も厚かった。それだけに基衡に命じられると、命を投げ出しても信夫の土地は守ってみせる、と誓ったのである。

師綱が検注にやってくると、季春は検注の先例がないこと、主である基衡の許可がなければ応じられないなどと述べ、強硬に立入りを拒否したのだ。

しかし師綱には、それでおとなしく引き下がる気持ちはない。宣旨がある以上、検注を実行するのは当然と、季春が拒むのをものともせず、押し入ったのである。師綱の態度は意外に強硬だった。季春は、威嚇すれば腰くだけになって引き上げるだろうと師綱を見くびっていた。

そこで検注をしようとする役人たちに向け、見せかけに矢を射たのである。ところが、激昂した師綱は本気になって応戦を命じたため、双方入り乱れての射合いになってしまった。

背後に待機していた数百騎の国府軍がつぎつぎに攻撃してくる。しかし、季春率いる軍勢ははるかに大軍だったから、たちまち国府軍を追いつめていく。師綱の国府軍は敗北し、やむなく多賀城へ逃れた。国府軍の死傷者は多く、被害は甚大だった。戦いが終わってみると、基衡はことの重大さを恐れた。基衡は、師綱を脅すつもりで戦いを仕掛けたのに、意外なことに師綱が本気になって迎撃してきた。これが第一の誤算だった。

結果的に、基衡は宣旨に背き、国司の師綱に矢を射かけたことになる。これはただではすまない。宣旨に背いたとして、違勅の罪に問われるのではないか。それが基衡の心配だった。

違勅の罪から逃れるには、師綱の命を奪ってしまえばいい。それはむずかしいことではないが、師綱を討てば、必ず政府軍が大挙して鎮圧に押し寄せてくる。そうなっては陸奥の各地に戦火が広がり、平泉が危うくなってしまう。

基衡はその対応策を季春に相談した。季春は平泉政権の安泰のために、自らが責任をとるしか方法がないことを察したのだろう。きっぱりと「今度の事件はあくまでも季春が起こしたことであり、御自分は何も知らなかった、という態度をとりつづけることです」と、いったのである。

基衡にすれば、季春を犠牲にすることは忍びがたいことだった。しかし、考えてみれば、師綱を納得させるにはそれより方法がない。基衡は心を決めると、師綱のもとに使者を送って、こう伝えたのだ。

「自分は一切関わり知らぬことである。地頭の季春が宣旨をもかえりみず、勝手に矢を射てしまった。家臣のしたこととはいえ、弁解の余地もない。このうえは違勅の罪を逃れることができないので、すでに季春を召し取った」

だが、基衡はそのままじっとして、季春が斬首されるのを見ていられなかった。なにしろ季春は後見であるうえに、乳兄弟である。そこで基衡は季春の命乞いをさせるため、妻を多賀城《たがじょう》に差し向けたのだ。もっとも基衡自身、この件には関わりないことになっていたから、妻が夫には内緒で、勝手に行動しているように振る舞った。

基衡の妻は、一万両を超す砂金を師綱に届け、季春の命乞いをする。しかし、師綱は頑固一徹というか、一万両の砂金を見ても応じようとしなかった。それを突き返し、検非違使《けびいし》の目代《もくだい》を派遣してきたのである。こうして季春は斬首された。

頼長の増税要求に基衡はどう対応したか

基衡《もとひら》のしたたかさを物語るエピソードに、左大臣藤原頼長《ふじわらのよりなが》との増税問題がある。当時、頼長は「悪左府《あくさふ》」と呼ばれていた。「悪」といっても、犯罪者などの悪人ということではない。世間の物差しからはみ出し、思い切った行動をする切れ者、といった意味である。

少年のころは腕白で、山野を馬で駆けめぐり、鷹狩りに興じた。しかし、あるとき大怪我をしてから勉学に打ち込むようになったという。後年は学識においては当代随一といわれた。そのせいか、前関白だった父忠実《ただざね》に寵愛され、久安四年（一一四八）には忠実から十八か所の荘園を譲り受けた。そのうちの五か所が奥羽にあった。

陸奥国の高鞍《たかくら》（岩手県花泉町高倉付近）、本良《もとよし》（宮城県本吉町付近）、出羽国の大曾禰《おおそね》（山形市付近）、屋代《やしろ》（山形県高畠町付近）、遊佐《ゆさ》（山形県遊佐町付近）の五荘園である。

このとき、頼長は二十九歳、基衡は四十四歳。頼長が荘園の持ち主になったとはいえ、現地管理者は基衡である。基衡が荘園を一括して管理し、年貢もまとめて納めていた。

これは初代清衡《きよひら》の代から行なわれてきたことである。清衡は中央政府にくい込み、奥州平泉の自治権を黙認してもらうために、摂関藤原家にかなりの土地を寄進した。自分は管理者として手数料をとり、年貢を納めたが、しかし実際には清衡がとる手数料のほうがはるかに巨額だった。

いい方をかえると、土地の名義を摂関藤原家にして、年貢という名義科を支払い、清衡は実質的な所有者として莫大な収入をあげていたのである。清衡は国税を免れるために摂関藤原家を利用してきた、といっていい。

むろん基衡も、こうしたやり方を踏襲していた。しかし、すでに忠実のころから年貢の値上げが要求されていた。それは高鞍荘にかぎられていたが、従来の「金十両、布二百反、細布十反、馬二頭」という年貢を、「金五十両、布千反、馬三頭」

に値上げしたい、と要請してきたのである。

清衡なら中央政府と協調しようとしていたため、それに応じたかもしれない。だが、基衡はそれを拒否してしまった。

ところが、頼長は「悪左府」といわれていただけに、うやむやにせず、年貢の値上げ問題をむし返してきたのである。忠実から荘園を譲渡されると、さっそく久安五年（一一四九）、雑色《ぞうしき》（無位の下級役人）の源国元《みなもとのくにもと》を平泉へ派遣し、年貢値上げの交渉に当たらせた。

忠実のときは高鞍荘一か所だけだが、今度は五荘園のすべてにおよんだ。しかも、頼長が示した増額要求案は、二倍から五倍というたいへんな値上げである。それはつぎのようなものだった。

高鞍は従来「金十両、布二百反、細布十反、馬二頭」だったのを、「金五十両、布千反、馬三頭」とする。

本良は「金十両、馬二頭」だったが、これを「金五十両、馬四頭」に増やし、新たに「布二百反」をつけ加える。

大曾禰は「布二百反、馬二頭」だが、馬はそのままとし、「布七百反」とする。屋代は「布百反、漆《うるし》一斗、馬二頭」を「布二百反、漆二斗、馬三頭」とする。遊佐は「金五両、鷲羽三枚、馬一頭」だったが、「金十両、鷲羽十枚、馬二頭」とする。

頼長の使者源国元はその増額要求案を示し、基衡側と交渉をした。むろん、基衡がじかに応対することはない。おそらく家臣のなかの長老が平泉の事情を説明し、値上げに応じるだけの余裕がないと、断ったのだろう。国元はすごすごと引き揚げていった。

しかし、それで断念するような頼長ではない。むしろ強硬な態度で、平泉に迫ろうとした。家臣の藤原成佐《なりすけ》は「夷狄《いてき》とそんなことで争っていては、権威が失墜してしまいます。そんな愚かなことはやめるべきでしょう」と諫めたが、藤原成隆《なりたか》と藤原俊通《としみち》とは「妥協せず、あくまでも強く出て増額要求案を主張すべきです」と、威勢のいい意見を述べた。頼長はそれに賛成し、再度、使者を派遣することにしたのである。

平泉に赴いたのは、厩舎人《うまやとねり》の長勝《ながかつ》、延貞《のぶさだ》だった。何度、使者が訪れてきても要求をのむわけにはいかない。基衡も強硬に反発した。交渉は平行線をたどり、不調に終わってしまった。頼長はその知らせを受けて、第三陣の使者を考える。一方、基衡もこのまま摂関家と不仲になっては、なにかのときには力を借りることもできず、困ったことになりかねない、と考えていた。

増額要求案を無視しつづけるのは不利と判断したのだろう。基衡は仁平《にんぴょう》二年(一一五二)、逆に改定案をまとめ、頼長に出したのである。それはつぎのようなものだった。

高鞍の場合、「金十両、細布十反」は従来通りとし、かわりに「布三百反、馬三頭」に増やす。

本良は「金二十両」と倍増、「馬三頭」に増やすほか、新たに「布五十反」を加える。

大曾禰は「布二百反、馬二頭」は従来通りとし、新たに「水豹皮《あざらし》五枚」を加える。

屋代は「布百五十反、漆一斗五升、馬三頭」と、いずれも従来の一・五倍にする。

遊佐は「馬一頭」は従来通りだが、ほかは「金十両、鷲羽五枚」に増やす。その後、この基衡案で交渉がつづけられた。こうして二人の探りあいが繰り返され、頼長は翌仁平三年（一一五三）、本良、屋代、遊佐の三荘園については、基衡の提案を受け入れた。ただし、高鞍は「金二十五両、布五百反」、大曾禰は「布三百反」とそれぞれ増やすよう、基衡案の修正を求めてきたのである。

基衡はとくに反論せず、この頼長の修正案で妥協した。「悪左府」といわれた頼長を相手に四年間も争い、ある程度のいい分が通ったのだから、ここで手を打つべきだと判断したのである。基衡はこうした駆引きの巧みな政治家だった。

平泉は保元の乱の影響を受けたのか

左大臣藤原《ふじわらの》頼長《よりなが》から突きつけられた荘園の増税要求問題は、基衡《もとひら》の巧みな駆引きによって決着した。だが、京では中央政府が大揺れし、不穏な空気がただよっていた。藤原家の内部では摂政の地位をめぐって、親子が対立し、その争いが熾烈をきわめていたのだ。これが天皇家の皇位継承争いと結びつき、保元《ほうげん》元年（一一五六）には保元の乱となって火を吹くのである。

それまで奥州藤原氏は長い間、関白藤原忠実《ただざね》とその子で摂政の忠通《ただみち》、増税問題の頼長に貢馬や貢金をつづけ、友好関係を維持してきた。基衡にとっても、中央政府への太いパイプとして欠かせない。その中央の藤原家が二分して争えば、その成りゆき次第では奥州藤原氏にも少なからず影響が出てくる。だから基衡は冷静に、中央の動きに注目していた。

保元の乱にはさまざまな原因がからみあっているが、その一つに、前関白忠実《さきのかんぱくただざね》の頼長にたいする偏愛があった。

時間は少しさかのぼる。久安六年（一一五〇）九月二十六日、七十三歳の忠実は、五十四歳になっていた嫡子の摂政忠通《ただみち》を正式に義絶し、三十一歳の二男頼長を氏《うじの》長者《ちょうじゃ》に抜擢するという挙に出た。

この兄弟はそれ以前から、頼長が養女多子《たし》を近衛《このえ》天皇に入内《じゅだい》させると、忠通も養女呈子《ていし》を入内させるなど、対立は深刻になっていた。父の忠実はどちらかというと、学者肌の頼長を好み、忠通にたいして何度となく、摂政職を頼長に譲るように説得してきた。ところが、忠通は「頼長はその器でない」と、拒否しつづけたのである。

摂政職は公的なものであり、親が勝手にできるものではない。しかし、氏長者は京都藤原家の私的な地位であり、親の自由にできた。そこで忠実は強硬手段をとり、一方的に忠通との縁を断ち、頼長を氏長者に据えたのである。その効果があったか、翌久安七年（一一五一）一月、頼長に内覧《ないらん》の宣旨が下った。内覧とは天皇への公文書を内見し、政務を代行するポストで、頼長は事実上、摂関同様の権限を得たわけだ。

一方、天皇家でも皇位の相続をめぐって、対立していた。久寿《きゅうじゅ》二年（一一五五）七月二十三日、近衛天皇が皇子なきまま、十七歳の若さで死去する。崇徳上皇《すとくじょうこう》は自分が返り咲くか、それとも実子の実仁親王《しげひと》を即位させるか、と期待を抱く。

ところが、鳥羽法皇《とば》、美福門院得子《びふくもんいんとくし》夫婦はその夢を打ち砕いてしまった。長子の崇徳上皇を疎んじ、弟の雅仁親王《まさひと》を即位させたのである。こうして二十九歳の後白河天皇が誕生したが、その後、後白河天皇の皇子守仁《もりひと》を将来、天皇とするため、皇太子とした。これで崇徳上皇の皇位と院政を行なう条件は、すべて奪われてしまった。

こうして五十三歳の鳥羽法皇と三十七歳の崇徳上皇は激しく対立する。だが、対立の原因はそれだけではなかった。崇徳上皇の生まれに疑いがあることから、二人の間には亀裂が生じていたのだ。崇徳上皇は表向き、鳥羽法皇と待賢門院璋子《たいけんもんいんしょうし》との間に生まれたとされていたが、じつは鳥羽法皇の祖父白河法皇が孫の妃である璋子と通じ、生まれた子だというのである。鳥羽法皇もそのことを承知しており、崇徳上皇を「叔父子《おじこ》」と呼んでいたという。このことも対立の大きな原因になっていた。

しかし、保元元年（一一五六）七月二日、崇徳、近衛、後白河と、三代二十八年間にもわたって院政を行なってきた鳥羽法皇が五十四歳で死去する。

好機到来と判断したのは藤原頼長である。頼長はさっそく崇徳上皇のもとを訪れ、兵を挙げようと勧めた。たしかに崇徳上皇にとっても、実権を奪取する好機だった。崇徳上皇は、すぐ頼長と打合わせて白河殿に本陣を置き、源為義《みなもとのためよし》、為朝《ためとも》父子、平忠正《たいらのただまさ》らを集めた。

一方、後白河天皇も藤原忠通と手を結び、源義朝《よしとも》、平清盛《きよもり》、源頼政《よりまさ》らを集め、高松殿に本陣を置いて準備をすすめたのである。

七月十一日の夜明け前、天皇方は六百騎ほどで白河殿に夜襲をかけた。平清盛率いる三百騎は二条大路から、源義朝率いる二百騎は大炊《おおい》御門大路から、源義康率いる百騎は近衛大路からと、白河殿を襲撃したのである。

上皇方は、源為朝が白河殿への夜襲を進言したのに、頼長は「戦は堂々とやるべきものだ」といって一蹴し、負け戦の因をつくってしまった。これは都で、行なわれた初めての合戦だった。当時の戦《いくさ》は、いきなり矢を射かけることはしない。まず名のりをあげ、お互いに罵り合い、それから矢を放った。

上皇方も激しく応戦したが、わずか四時間ほどで勝負がつき、上皇方が敗北する。崇徳上皇は捕えられ、七月二十三日には讃岐《さぬき》(香川県)へ配流となり、源為義と平忠正は斬首となった。為朝は伊豆大島へ流された。

荘園の増税問題で基衡と争った頼長は、この戦いのさなか、流れ矢に当たって命を落とした。保元の乱は終息したが、戦死した頼長の荘園は、すべて天皇側に没収されたのである。

この保元の乱、そして三年後に起こる平治の乱をきっかけに、貴族たちの警固兵にすぎなかった武士が独自の力を発揮していく。むしろ、武士が貴族を動かすようになるのだ。また、合戦も騎馬戦法が中心となり、その意味でも良馬を産する奥州に関心が集まる。

ところで、このころの平泉はどのような状況だったか。保元の乱の少し前、仁平元年(一一五一)には、秀衡が二十七歳で基成の娘を妻に迎えている。奥州藤原四

特別史跡・名勝旧観自在王院庭園（平泉観光協会提供）

代となる泰衡《やすひら》が生まれたのは乱の前年、久寿二年（一一五五）のことである。

奥州の平泉政権は、基衡の時代にほぼ確立している。町並みも整い、多くの職人が集まり住み、平泉文化にもさらに磨きがかけられていた。

毛越寺《もうつうじ》はまだすべてが完成してはいないが、毛越寺の東側に隣接して、観自在王院《かんじざいおういん》が建つ。これは基衡の妻（安倍宗任《あべのむねとう》の娘）が夫基衡のために建立したものだった。いまは遺跡があるのみだが、舞鶴が池には荒磯の石組や洲浜、中の島などが配されており、優雅な景観をつくっている。毛越寺との境には広い車宿《くるまやど》があり、この付近は商人や馬がゆきかい、たいそうな賑わいだった。

残念ながら、その基衡の妻はすでに仁平《にんぴょう》二年（一一五二）に死去している。平泉政権そのものが揺らぐというのではないが、それでも戦乱の影響は平泉にもおよぼうとしていた。

第四章　藤原秀衡

秀衡と平治の乱との関係は

保元《ほうげん》の乱の翌年、保元二年（一一五七）三月十七日、三代基衡《もとひら》は五十三歳で生涯の幕を閉じた。死因は脳溢血である。そのあとを継いだのは秀衡《ひでひら》で、すでに三十六歳になっていた。相続については、とくに先代のような争いはない。

秀衡は父から譲り受けた広大な奥羽を支配し、奥州平泉をさらに大都市へと発展させていった。それはまるで王国を思わせる別天地であった。

しかし、中央はまだ不穏な空気に包まれている。むしろ、新たな乱が起こる気配が生じてきたといっていい。その原因をつくったのは藤原通憲《ふじわらのみちのり》、法号を信西《しんぜい》といい、「黒衣の宰相」として権勢をふるった人物である。信西は少年のころから学問が好きで、その博学多才ぶりは並ぶ者がいなかったほどだという。だが、野心家でもあった。

保元三年（一一五八）八月十一日、三十二歳の後白河天皇は在位わずか三年で退位し、皇位を子の守仁《もりひと》親王に譲った。こうして十六歳の二条天皇が登場するが、これには故鳥羽《とば》法皇の妃美福門院《びふくもんいん》の意向が強く働いていた。同時に後白河法皇は公式な政務機関として「院庁《いんのちょう》」を設置し、自由な院政を開始するのである。

藤原秀衡（毛越寺蔵）

信西は後白河法皇の乳母紀伊《きいの》局《つぼね》を妻にしているという立場を利用し、その院庁で後白河法皇の補佐役として権力をふるい、関白以上と恐れられていた。

では、武士の棟梁といわれた源氏と平氏はどうだったか。源氏は代々摂関家に仕え、力をつけていく。一方、平氏は清盛《きよもり》の祖父正盛《まさもり》のころから白河法皇、鳥羽法皇に仕え、いわば院政の守り手として勢力をのばしてきた。といって源氏と平氏が対立していたわけではなく、保元の乱では、それぞれおたがいに勢力を二分して戦ったのである。

しかし、保元の乱後、源氏と平氏との対立が表面化してきた。その原因は、陰の権力者信西が乱後の処理を公平に行なわなかったからである。信西は平氏を重んじて後白河法皇の守り手とし、逆に源氏の力を弱めようとしたのだ。

たとえば、平清盛を大宰大弐《だざいのだいに》に任じ、あと一歩で公卿《くぎょう》というところまで出世させた。大宰大弐は九州地方を治め、外交や国防を担当する大宰府の次官で、収入も多い。ところが、源義朝《みなもとのよしとも》は左馬頭《さまのかみ》だった。官馬の飼育などを管理する左馬寮の長官で、大宰大弐にくらべるとかなり格が落ちる。義朝が不満をつのらせたのは当然だった。

中央政府では、後白河法皇の側近として、藤原信頼《のぶより》が頭角をあらわしてくる。信西よりも三十歳近く若いのに、急速に出世し、二十七歳で中納言になってしまうのである。信西は少納言で、これになったのも三十九歳のことだった。信西は自分より若くして出世した信頼に嫉妬し、異常なほどの敵意を見せはじめた。

そのせいか、平治元年（一一五九）十二月九日、三十七歳の義朝と二十七歳の信頼は反信西という点で手を結び、兵を挙げる。やはり信西を快く思っていなかった二条天皇側近の藤原経宗《つねむね》、惟方《これかた》もこれに同調した。経宗は大納言、惟方は検非違使《けびいし》の別当（長官）である。

平清盛は十二月四日、子どもたちをつれ、紀州（和歌山県）の熊野神社へ出かけていく。その留守をねらってのクーデターだった。これが平治の乱である。

義朝、信頼らの数百騎の軍勢は、後白河法皇の住む三条殿に夜襲をかけ、火を放つ。木造家屋は、あっというまに燃え広がっていく。その黒煙のなかで矢が飛びかい、逃げまどう女房たちの悲鳴が夜空にこだまする。

上皇の姉、上西門院統子《じょうさいもんいんとうし》を大内裏《だいだいり》の一本御書所《いっぽんごしょどころ》に幽閉し、つづいて信西の宿所にも火を放って焼いた。信西はすでに京都を脱出していたが、まもなく宇治田原（京都府南部）で捕えられ、斬首された。

清盛は都での騒動を知ると、十七日に帰京し、さっそく反撃に出た。藤原経宗《つねむね》らを抱き込み、二十五日には二条天皇を女装させて内裏から連れ出し、六波羅《ろくはら》（京都市東山区松原町付近）の自邸へかくまった。六波羅には清盛をはじめ、平氏一族の屋敷が建ち並び、平氏政権の中心地になっていた。さらに後白河法皇を救出し、仁和《にんなじ》寺へ逃がしたのである。

清盛方は、二条天皇を奪い返したことで官軍となり、信頼、義朝追討の宣旨を得る。こうして十二月二十六日、合戦がはじまった。源氏軍は六波羅の平氏の本拠を襲うが、清盛らは激しく反撃し、逆に源氏軍を追いつめていく。源氏軍は賀茂川の六条河原で迎え撃つが、あえなく敗れる。義朝は東国へ逃れる途中、尾張（愛知県）で殺害され、信頼も六条河原で斬首の刑となった。

平治の乱は源氏軍の敗北で幕を閉じた。応保元年（一一六一）、清盛は武士では初めて公卿となる。それまでの公卿には武力はなかったが、清盛にはそれがある。そのため清盛は武力を背景に発言力を強め、仁安《にんあん》二年（一一六七）には太政大臣になってしまうのだ。

この平治の乱は、奥州平泉へも大きな影響をおよぼす。乱の首謀者の一人、藤原信頼は捕えられ、斬首となったが、その兄の基通《もとみち》は永暦元年（一一六〇）、陸奥国へ流されたのである。

しかし、秀衡《ひでひら》は基通にたいして、冷たくあしらうことはなかった。基通も秀衡の人格にふれて、共感するところが大きかったのだろう。まもなく、秀衡は基通の娘を妻にするが、それとともに基通に衣川館《ころもがわのたち》をあたえた。基通はいわば政治顧問として遇されたのである。

衣川以北の地を衣川といい、その衣川館は平泉の西北にあり、かつての安倍頼時《あべのよりとき》が居城としていたところだ。基通は心機一転、この陸奥国でやり直そうと思ったのか、基成《もとなり》と名を改めた。

秀衡はなぜ鎮守府将軍に任命されたのか

秀衡《ひでひら》は嘉応二年（一一七〇）に鎮守府将軍《ちんじゅふしょうぐん》となり、さらに養和元年（一一八一）には陸奥守《むつのかみ》に任ぜられた。このように奥州における最高の公権を手にしたのは、清衡《きよひら》、基衡《もとひら》、秀衡とつづいてきた奥州藤原氏八十年の歴史のなかで、秀衡ただ一人であった。

なぜ中央政府は、秀衡にそうしたポストをあたえたのか。その理由をさぐるには、まず中央の動きを見なければならない。

当時は平氏政権の時代である。保元《ほうげん》の乱、平治の乱を乗り越えた平清盛《たいらのきよもり》は永暦元年（一一六〇）、正三位参議に任命され、公卿《くぎょう》の列に加えられた。すでに中央に残る武士団は、清盛を棟梁とする平氏だけになっている。このため、後白河上皇は清盛を公卿社会に取り込み、武力をもつ公卿として利用しようとしたのだ。

むろん、清盛もそうした状況を的確に読みつつ、巧みに政界を泳ぎ、力を伸ばしていった。その後、翌応保元年（一一六一）に検非違使別当《けびいしのべっとう》、権中納言、つづいて応保二年（一一六二）には従二位、永万元年（一一六五）には権大納言、翌年には正二位内大臣と、やつぎばやに昇進していく。さらに仁安《にんあん》二年（一一六七）二月十一日、五十歳で左、右大臣をとび越し、従一位太政大臣に任じられた。武士としては初めての太政大臣である。

そればかりか、同じころ、清盛の嫡男重盛《しげもり》は従二位権大納言、三男宗盛《むねもり》は従三位参議、清盛の弟経盛《つねもり》は正三位、義弟の時忠《ときただ》は従三位というように、一族はみな出世していた。時忠は「平家にあらざれば人にあらず」と権勢を誇ったが、まさにそのような状況だった。

清盛が急速に出世した背景には、妻時子《ときこ》の賢夫人ぶりと姻戚関係があった。時子は自分の手もとで育てた異母妹の滋子《しげこ》を後白河上皇の後宮に送り込んだが、滋子はやがて高倉天皇となる憲仁《のりひと》親王を産む。仁安三年（一一六八）三月二十日、八歳で高倉天皇が即位すると、母の滋子は二十七歳で皇太后となったのである。

さらにその後も清盛の妻時子が産んだ最初の娘徳子《とくこ》（建礼門院）は十七歳のとき、

十一歳の高倉天皇に嫁ぎ、やがて治承《ちしょう》二年（一一七八）、安徳天皇となる言仁《ときひと》親王を産んだ。こうして平氏は天皇の外戚として繁栄をつづけた。

秀衡が鎮守府将軍に任じられた嘉応二年（一一七〇）ごろ、清盛は繁栄していたとはいえ、不安材料がなかったわけではない。たとえば、平治の乱のとき、伊豆に流した源 頼朝《みなもとのよりとも》の存在である。すでに武士として立派に成長しているだろうし、もし頼朝が奥州藤原氏と手を結べば、その勢力は侮れない。

そうした状況だけに、平氏政権は奥州の平泉勢力を重視していた。何かことが起こったとき、絶対に味方にしなければ、という計算が働いたはずだ。奥州藤原家の底知れぬ富と軍事力を当てにしていた、といってもいい。こうして、秀衡を鎮守府将軍に任命したのである。

もっとも中央政府には、秀衡の任官にたいして危惧を抱く人もいた。右大臣九《く》条 兼実《じょうかねざね》は、日記『玉葉《ぎょくよう》』に「奥州の夷狄《いてき》秀衡（平）、鎮守府将軍に任ぜらるる、乱世の基なり」と、さげすむように書いた。

清盛の計算、右大臣兼実の批判。しかし、秀衡には、そんなことは気にならなかったろう。くれるものはもらっておけ。その程度の軽い気持ちで任命を受けたはずだ。独自の勢力をもっているから、別に鎮守府将軍を中央政府の足枷とは感じなかった。

その後、平氏政権を倒そうとする陰謀が起こる。治承元年（一一七七）のことだが、藤原成親《なりちか》、成経《なりつね》、師光《もろみつ》、俊寛《しゅんかん》ら反平氏派が鹿ヶ谷《ししがたに》（京都市左京区）で陰謀をめぐらせていたのが発覚し、捕えられたのち、斬首、流罪などの処分を受けた。これを鹿ヶ谷事件という。

清盛は、その事件に後白河法皇が関与していたことを根にもち、治承三年（一一七九）には後白河法皇を幽閉し、クーデターによって政権を奪取した。

ところが、治承四年（一一八〇）八月には、伊豆蛭ヶ小島《ひるがこじま》（静岡県韮山市）に流罪となっていた源頼朝が挙兵する。頼朝はすでに三十四歳。したがう武士も多かった。十月には富士川の合戦で、平維盛《これもり》率いる平氏軍を破り、東国での源氏の優位を確かなものにしたのである。

さらに翌養和元年（一一八一）には、源氏軍がさらにふくれあがり、東海・北陸道方面においても、平氏軍と対峙するようになった。しかし、その年の閏二月四日、一代の栄華をきわめた平清盛は高熱のため、六十四歳で死去してしまった。

源平の争いはますます熾烈になっていく。そのため、中央政府では危機感が高まっていたのだろう。平泉の秀衡を、さらに陸奥守に任命したのである。

なぜ秀衡は源平合戦で動かなかったか

秀衡《ひでひら》は鎮守府将軍《ちんじゅふしょうぐん》、陸奥守《むつのかみ》に任命されても、平泉には平泉のやり方がある、と考えていた。平泉政権の独自性を守ることに腐心していたのである。だから平氏に協力するようなそぶりを見せながらも、実際には動かなかった。これは源氏にたいしても同じだった。

じつをいうと、治承四年（一一八〇）八月十七日に源頼朝《みなもとのよりとも》が伊豆で挙兵したとき、すでに平清盛《たいらのきよもり》は秀衡にたいして挙兵をうながし、頼朝追討を要請していた。それにもかかわらず秀衡は天下の情勢をにらみながら、あいまいな態度で対応し、結局は兵を挙げなかったのである。

だが、都では「奥州の秀衡が大挙して頼朝討伐に出陣した」とか、「すでに秀衡の大軍は坂東までできている」などの噂がまことしやかにささやかれた。もし、それが事実であれば、中央政府にとっても喜ばしいことだし、京都の公卿《くぎょう》や公家《くげ》たちはその噂に狂喜したようだ。

たしかに頼朝追討の宣旨は治承四年（一一八〇）十一月、秀衡のもとにも届いていた。しかも九条兼実《くじょうかねざね》の日記『玉葉《ぎょくよう》』によると、その翌十二月、京都では「秀衡が頼朝追討を承諾したとの噂が流れていた」という。

もし秀衡に挙兵の意志があっても、季節は冬だし、大軍を動かすことはできない。まして平泉に六年近くも過ごし、秀衡の庇護を受けていた源義経《よしつね》が兄の挙兵を知り、平泉を去ってまもなくのことである。簡単に動けるわけもなかった。

『玉葉』は翌養和元年（一一八一）三月一日、「秀衡はまったく動かず、ただ口先だけでいっているだけだ」という。にもかかわらず、三月十七日には「秀衡が頼朝追討のために二万余騎の軍勢を率いて白河関《しらかわせき》を越えた」という噂があることを記している。

それはたんなる噂だったのか。治承四年（一一八〇）十月二十日、駿河（静岡県）の富士川で源頼朝の軍勢と平維盛《これもり》の軍勢とが激突し、頼朝軍が勝利するということがあった。富士川の合戦である。

勢いにのった頼朝軍は、さらに常陸《ひたち》（茨城県）を支配していた佐竹秀義《さたけひでよし》を攻撃するのだ。敗れた秀義は城を脱出し、平泉へ逃れていく。平泉の秀衡はこれを助け、境界地帯へ兵を結集して、源氏軍の攻撃に備えた。

その間にも中央政府は、何度となく急使を派遣し、秀衡に頼朝追討を要請してくる。だが、秀衡は平泉政権を守るために、どちらにも加担しようとはしなかった。もっとも、逃れてきた佐竹秀義は追い返すわけにもいかず、やむなくかくまったのである。頼朝軍は一時、境界地帯近くに進出したが、平泉を攻撃することもなく、やがて鎌倉へと引き返していった。

しかし、そうした一方、後白河法皇の皇子以仁王《もちひとおう》はこの年、全国の源氏一族にたいして「平氏を討て」との令旨を出していた。残念ながら以仁王は源氏の武士が結集する前に攻められ、五月二十六日、敗走する途中、宇治平等院で流れ矢に当たり、死去してしまう。

以仁王の令旨を受け取った木曾義仲《きそよしなか》が挙兵したのは、その年の九月七日。以仁王の遺児北陸宮《ほくりくのみや》を擁し、五万余騎を集めた。

当時、すでに平氏の全盛期は下降線をたどりつつあったし、平氏軍は心理的にも追いつめられていた。やがて養和元年（一一八一）閏二月四日、平清盛が病死する。そのあとを継いだのは三十五歳の三男宗盛《むねもり》である。

平氏にとって、源氏と対抗するには、地方の有力豪族を味方につけることが最大の課題になっていた。そこで中央政府は養和元年（一一八一）八月十五日、平泉の秀衡を陸奥守に任じると同時に、平親房《ちかふさ》を越前守、城助職《じょうのすけもと》を越後守に任命し、源氏追討を命じたのである。源頼朝、木曾義仲ら源氏軍にたいする包囲網をつくりあげる作戦だった。

だが、源氏軍は強かった。とくに義仲は寿永二年（一一八三）五月十一日、礪波《となみ》山《やま》の倶利加羅峠《くりからとうげ》（石川・富山県境）で平維盛《これもり》の軍勢と戦い、大勝した。

当初、義仲軍は数倍もの兵力をもつ平氏軍に押され、苦戦をしいられていた。平氏軍は山頂に陣をかまえているし、南側は切り立った深い谷である。正攻法では勝ち目はない。そう悟った義仲は奇計を考える。別動隊を組織し、夜間、数百頭の牛の角に松明《たいまつ》をしばりつけ、三方から平氏軍の陣に追い込み、不意討ちをかけたのだ。

あわてふためいた平氏軍は、つぎつぎに崖からなだれのように谷底へ落ち、義仲軍は勝利をおさめた。これが有名な「火牛《かぎゅう》の計《けい》」だが、実際にこの奇襲が行なわれたかどうかは、疑問視されている。

義仲軍はさらに平氏軍を追い、京都へ攻め込む。七月二十八日、義仲は頼朝より一足早く京都に入ったのである。平氏を京都から追い出した功によって、義仲は従五位下左馬頭越後守に任じられ、ついで伊予守になった。しかし、兵糧不足と秩序の乱れから、義仲軍は京の町で無法や乱暴を働く。

やがて公家ばかりか、町の人びとの反感を買うようになった。そこで後白河法皇は義仲に平氏追討を命じて西海《さいかい》へ追い払い、頼朝にたいしては東国の支配権をあたえ、上洛を命じたのである。

ところが、頼朝は東国から動けなかった。奥州平泉の秀衡が不気味な存在に見え、背後を襲われるのではないかと、脅威を感じていたからだ。

頼朝が東国の支配権を手にしたことを知った義仲は、あせって西海から京都に戻り、十一月十九日、クーデターを起こす。後白河法皇の御所、法住寺殿を焼き、多くの警固兵たちの首を討ち取った。さらに法皇を幽閉し、政権を奪って、自ら征夷大将軍となったのである。

翌寿永三年（一一八四）一月二十日、数万という源範頼《のりより》・義経軍が京へ攻め込む。義仲軍は宇治川で迎え撃ったが、敗れてしまった。義仲は北陸へ敗走する途中、琵琶湖畔の粟津《あわづ》（滋賀県大津市）で矢に射られ、三十一歳で戦死する。

こうした動きのなかで、中央政府は、秀衡が挙兵するものと期待していた。城助職はよく戦ったが、秀衡は動く気配さえ見せない。秀衡が考えていたのは、どちらの味方をすることでもなく、ただ平泉政権を守ることだけだった。

秀衡は頼朝の圧力にどう対処したか

秀衡《ひでひら》は源平合戦の行方を、冷静な目で見ていた。

源平合戦は元暦《げんりゃく》二年（一一八五）三月、壇ノ浦《だんのうら》（山口県下関市）の合戦で平氏一族が滅亡し、源頼朝《みなもとのよりとも》の覇権が確立して決着がつく。だが、その後、頼朝は平氏を滅亡に追い込んだ最大の功労者ともいうべき弟の義経《よしつね》を憎むようになり、兄弟が対立してしまうのである。

その対立に油を注いだのは、日和見の後白河法皇だった。この年は八月十四日に文治と改元するが、文治元年（一一八五）十月二十六日、後白河法皇は義経に「頼朝を討て」との院宣を出したにもかかわらず、頼朝軍が入京すると、十一月十一日には「義経を捕えよ」という院宣を出したのだ。

そのうえ法皇は「先の頼朝追討の院宣は自分の知らぬこと」と、弁解する始末だった。頼朝は法皇の無責任さを怒り、法皇を「日本一の大天狗」と非難したほどである。

頼朝は義経を討とうと懸命になったが、義経は吉野山中に逃れ、姿を消してしまった。その後、義経は京周辺の寺社勢力の助けを借りて潜行しつづけ、やがて奥州平泉へと落ちていく。文治三年(一一八七)二月ごろのことである。

ところで頼朝は、その年の十一月二十九日、日本国惣追捕使《そうついぶし》に任命された。同時に日本国惣地頭にも任じられ、荘園、国衙《こくが》領の支配と、これらを知行《ちぎょう》する下司《げす》、在庁官人の支配権をも手にしたのである。頼朝はそれを受けて、国や荘園、国衙領に惣追捕使(のち守護)と地頭を置いた。いわば行政権と警察権とを手に入れたわけである。

そのうえ頼朝は、諸国の荘園、国衙領から一反(約一千平方メートル)当たり五升(約九リットル)の兵糧米を徴集する権利も得た。

むろん、これらは頼朝が義経一行の追捕《ついぶ》と治安維持を理由に働きかけ、中央政府から認められたものだ。しかし、頼朝の本音は惣追捕使、地頭という権力制度を全国に張りめぐらせ、全国の土地を管理するとともに、中央政府に代って自らが政権を握り、天下を支配することにあった。

頼朝は、こうして全国に権力基盤を広げたとはいえ、奥州にはその力がおよばない。だが、頼朝が安定した鎌倉政権を築くには、どうしても平泉政権を取り込む必要がある。

それほど平泉政権には力があり、頼朝にとって目ざわりな存在だった。実際、鎌倉に比べても、平泉のほうがはるかに大都市だし、文化も進んでいる。しかも、その勢力は巨大だ。頼朝にしてみれば、圧迫感さえ覚えることもある。そこで頼朝は、秀衡への工作をはじめた。

文治二年（一一八六）四月、秀衡にたいして、一通の書状を送ったのである。

「御館《みたち》（秀衡）は奥六郡《おくろくぐん》の主、予は東海道の惣官なり。もっとも水魚の思いをなすべきなり」と対等の交際を望んでいるように述べながらも、「ただし行程を隔て、信を通ぜんと欲するに所なし」と断り、国税の輸送に関しては自分を通せと、強硬な調子だった。

「貢馬、貢金のごときは国土の貢（税）たり。予いかでか管領せざらんや。当年より早く予に伝進すべし。且は勅定《ちょくじょう》の趣を守るところなり」

秀衡は陸奥、出羽両国の国税をまとめて、じかに京都へ送っていた。ところが、頼朝は「それは自分が管領することになっているので、鎌倉へ送れ」というのである。頼朝のねらいは、秀衡の中央政府にたいする地位を、自分が介在することによって、直接的地位から間接的地位へ落とすことにあった。いいかえれば、奥州藤原氏を鎌倉政権に取り込もうとしたわけだ。

しかし、秀衡は頼朝が平氏を滅亡させたのち、必ずや奥州平泉へ牙をむいてくるだろうと察知していた。だからその文書を受け取っても、別に反発せず、頼朝の圧力を柔軟にかわそうとしたのである。

秀衡は頼朝に「貢馬、貢金等、まず鎌倉に沙汰し進ずべし」との請文《うけぶみ》を出し、頼朝の要求を受け入れた。第一回目の国税輸送は、早くもその年の五月に実施される。貢馬三頭、長持三桿を、使者をつけて鎌倉へ送り、それから京へ運んだ。第二回目は同じ年の十月一日で、同じ方法によって四百五十両の貢金が送られた。

ところが、翌文治三年（一一八七）二月ごろ、頼朝に追われた義経が秀衡を頼り、平泉へやってくる。秀衡は義経をかくまったが、頼朝がこれを知ると、もはや平泉政権の独立を許しておくはずはない、ということも察知していた。秀衡は覚悟を決めたのか、態度を一変して、鎌倉経由の国税輸送をやめてしまったのである。

その年の九月、中央政府は秀衡にたいして、頼朝の文書をそえ、砂金三万両の貢納を命じてきたが、秀衡はほとんど掘りつくしたことを理由に、「採掘できたら進上する」と、断った。すでに産金がはじまって四百三十年も掘ってきただけに、かつてのように豊富な産金は望めない。おそらく頼朝はその事実を知っていながら平泉に難題をもちかけ、秀衡がこれを拒否すると中央政府の反感が高まる、と計算していたのではないだろうか。

残念ながら秀衡は、十分に鎌倉対策を考えないうち、その年の十月二十七日、六十六歳で生涯の幕を閉じた。

なぜ秀衡は義経を受け入れたのか

奥州平泉の歴史にとって、藤原秀衡《ふじわらのひでひら》が源義経《みなもとのよしつね》を迎え入れ、庇護したことは大事件だった。なぜ秀衡は義経を受け入れたのか。

源義経は打倒平氏をめざし、一ノ谷、屋島、壇ノ浦《だんのうら》と連戦連勝し、多くの武功をたてた。義経がいなければ、兄の頼朝《よりとも》も勝利者になれなかった。戦術の天才といわれた義経が活躍したからこそ、平氏を滅亡させることができたし、頼朝は建久三年（一一九二）に征夷大将軍となって、鎌倉幕府を開くことができたのだ。

ところが、その後、義経は報いられることなく、むしろ兄の頼朝に憎まれ、藤原秀衡を頼って奥州平泉へ落ちていかなければならなかったのである。

もっともそれ以前にも、義経は平泉ですごしたことがあった。承安四年（一一七四）、義経が十六歳のときに平泉を訪れ、六年間も滞在していた。このとき道案内したのは金売吉次《かねうりきちじ》だが、むろん吉次が勝手に義経を秀衡のもとへ連れていったわけではない。その背景にあったのは、姻戚関係のパイプと義経自身の意志だ。

義経は平治元年（一一五九）、源義朝《よしとも》の九男として生まれた。母は九条院（近衛天皇の皇后・藤原呈子《ふじわらのていし》）の雑仕女《ぞうしめ》だった常盤御前《ときわごぜん》である。常盤御前はたぐいまれな美女で、十六歳のときに義朝に嫁し、今若《いまわか》、乙若《おとわか》、牛若《うしわか》（源義経）を産んだ。

ところが同じ平治元年、平清盛《たいらのきよもり》を討とうとして起こした平治の乱で、逆に義朝が敗死。常盤御前は子を連れて逃れたものの、子を助けようとして六波羅府《ろくはらふ》に自首したのである。その後、常盤御前は藤原長成《ながなり》と再婚し、幼い牛若はしばらく長成に養われたあと、鞍馬寺《くらまでら》に預けられた。

藤原長成は大蔵卿《おおくらきょう》をつとめる有力者である。陸奥守《むつのかみ》の藤原基成《もとなり》は、この長成のいとこである忠隆《ただたか》の子で、しかも基成の娘は平泉の藤原秀衡《ひでひら》の妻になっていた。秀衡と義経とは血筋を引いていないものの、姻戚関係で結ばれていたのである。こうした関係から、牛若は長成→基成→秀衡というルートで平泉に受け入れられた、と考えられている。

今若と乙若の二人の兄は出家したが、牛若は鞍馬寺に預けられていながら、出家する気はまったくなかった。しかし、そのまま鞍馬寺にいれば、いずれは平清盛によって強制的に出家させられ、どこかの僻地に流されるのは火を見るより明らかだった。

そこで牛若は、母の常盤御前と義父の長成に相談したのだろう。逃れるのなら平氏政権の力のおよばない奥州平泉、ということになった。牛若自身にも、やがて時機が訪れ、兄の頼朝が旗揚げするときには、一緒に立つ、という思いもあったろう。そのために力をつけるには、良馬を産する奥州平泉が最適と考えたのかもしれない。

当時、平泉は藤原三代秀衡の世である。平氏政権の力がおよばないとはいえ、秀衡はすでに嘉応二年（一一七〇）に鎮守府《ちんじゅふ》将軍《しょうぐん》に任じられていたし、平氏政権が推進する日宋貿易に協力、その恩恵も受けていた。

そのうえ、台頭しつつある源氏ともつながりをもった。つまり、秀衡は平氏や源氏に適度の距離を置きながら、平泉政権の独立性を堅持しようとしていたのである。

それだけに秀衡にとっては、義経を受け入れても格別の問題はなかった。こうして義経は、奥州平泉の秀衡の館近くで六年ほどすごした。当初は土地に慣れず、苦労したようだが、平泉の生活にもなじみ、秀衡らに優遇されて快適な日々を送ったのである。駿馬を駆って山野をめぐり、狩猟にうち込んだ。この平泉で身につけた騎馬術が、のちに平氏との戦いに大きく役立った。

治承四年（一一八〇）八月、頼朝が挙兵したことを知ると、義経はそれに応じようとする。だが、義経に惚れ込んでいた秀衡は、出発を強くとめた。秀衡は義経の器量を見抜き、平泉のために手放したくない、と思ったのだろう。さらには義経の出陣によって、源平の争いに巻き込まれ、平泉の独立性がそこなわれる危険を感じ、それを回避しようとしたのかもしれない。

義経は、秀衡が押しとどめるのもきかず、振りきって頼朝のもとに駆けつけた。それ以来、文治元年（一一八五）、壇ノ浦で平氏を滅亡に追い込むまで、義経は奇襲作戦でめざましい戦いぶりを見せる。

ところがその後、頼朝と義経との関係は悪化してしまう。悪化の理由はいろいろあった。たとえば、頼朝が武士と中央政府とが直接結びつかないようにするため、後白河法皇に「恩賞はまとめてお願いするので、それまではあたえないようにしていただきたい」と、申し入れていた。にもかかわらず、後白河法皇はそれを無視し、頼朝と義経の仲を裂くために、あえて義経に検非違使《けびいし》という官位をあたえてしまったのである。

頼朝はそれを受けた義経に激怒し、土佐房昌俊《とさのぼうしょうしゅん》に義経の暗殺を命じる。だが、義経の反撃によって、昌俊は逆に斬首されてしまった。これが元暦《げんりゃく》二年（一一八五）十月十七日のことである。怒った頼朝は、大軍をもって義経を追撃していく。

一方、義経は叔父の源行家《ゆきいえ》と結んで反逆を企て、挙兵する。しかし、結集できた軍勢は意外に少なく、失敗に終わった。その後、行家は和泉で襲われて死亡し、愛人で白拍子の静《しずか》は吉野山中で捕えられた。義経は吉野山中へ逃れ、しばらく行方を絶ったのち、かつて世話になった秀衡を頼り、奥州平泉へ向かうのである。義経が平泉へ身を寄せたのは、文治三年（一一八七）二月ごろのことだった。

秀衡は外交手腕にもすぐれ、平氏、源氏のどちらにもある程度の距離をおきつつ、平泉政権の独立性を維持しようとしてきた。しかし、秀衡はその方針を変更し、中央政府からも頼朝からも敵として追われる義経を、庇護したのである。

　ではなぜ、秀衡は追われている義経を受け入れ、かくまいつづけたのか。それは結局、頼朝に対抗するためだった。全国征覇をなし遂げた頼朝がつぎに目標とするのは、最後に残った独立勢力である平泉政権だと、秀衡は読んでいたのだ。

　秀衡は頼朝の野望を察知していたものの、わが子だけではとうてい対抗することはむずかしい、と思っていた。だが、平氏軍を相手に連勝し、滅亡へと追い込んだ義経が大将として平泉十七万騎を指揮するなら、頼朝軍へ十分に対抗できる。平泉の独立と平和を守ることも可能だ。秀衡はそう判断して、義経を迎え入れたのである。

秀衡は息子たちに、どんな遺言を残したのか

秀衡《ひでひら》の子や家臣のなかには、義経《よしつね》を庇護することに反対の者もいた。しかし、秀衡が熱心に説得して、義経を擁護するということで、とにかく平泉の意志は統一されたのである。

秀衡は義経に多くの土地をあたえ、厚遇した。秀衡が住む伽羅御所《からのごしょ》より西、衣川《ころもがわ》を見下ろす丘の上に高館《たかだち》を建て、義経はそこに住んだ。

そうした噂は、鎌倉の頼朝《よりとも》にも届く。頼朝はすぐにでも攻め込もうと思うが、決断がつかない。そこで、からめ手から秀衡に迫っていった。

文治三年（一一八七）九月、秀衡が中央政府が要求してきた砂金三万両の貢納を断ったことは、先に述べた。しかし、それだけではない。頼朝は後白河法皇に「秀衡は義経を助け、反逆しようとしている」と讒訴《ざんそ》し、「秀衡が源義経をかくまっている。もし事実なら、すぐ義経を差し出せ」という院宣《いんぜん》を下してもらったのである。

中央政府の糾明に、秀衡は反逆の心のないことを訴え、ことなきをえた。だが、頼朝はそのようにして平泉攻撃の口実をつくろうとしていた。

秀衡には六人の男子があった。上から国衡《くにひら》、泰衡《やすひら》、忠衡《ただひら》、高衡《たかひら》、通衡《みちひら》、頼衡《よりひら》である。しかし、「北方の王者」である秀衡にくらべると、六人はいずれも小粒だった。秀衡から見ても器量が小さく、心もとないばかりである。

自分の死後、頼朝は必ず平泉へ攻めてくるだろう。それを防ぐには、義経を中心に兄弟が団結する以外に道はない。秀衡はそう確信していた。

だから秀衡は、死期の近いことを感じて、息子たちにこう遺言したのだ。

「義経を将軍にし、兄弟が力を合わせて頼朝に対抗すれば、なにも恐れることはない。これからも陸奥、出羽の二国は栄えていけるだろう。絶対に敵の謀略にのり、不和をしてはならない」

このとき秀衡は息子たちに二枚の起請文《きしょうもん》を書かせた。一枚は秀衡がもち、ほかの一枚は六人で分けて飲み下して誓約させた、とも伝えられる。ともあれ、秀衡はこうして奥州藤原家の結束をはかったのである。

秀衡のそうした死後への配慮は、翌文治四年（一一八八）一月、京都でも噂になっていた。藤原兼実《ふじわらのかねざね》の日記『玉葉《ぎょくよう》』には、一月九日の日付で記されている。それによると、兄弟を融和させるために、次男泰衡を後継者とし、他腹の嫡男（国衡）に自分の妻をめあわせ、異心あるべからずとの起請文を書かせたという。

自分の妻とは藤原基成《もとなり》の娘で、泰衡の母である。いくら異腹とはいえ、自分の子に自分の妻をめあわせるということはあるだろうか。噂というのは話をどんどんふくらませていくものだから、面白おかしく伝えられているうちに、そのようになったのかもしれない。

ともかく、秀衡が生きているうちは、平泉の平穏が保たれていた。とくに秀衡と義経は深い絆で結ばれていたらしく、「いかなる親、いかなる子の交わりもこれにすぎるものはない」というほどだった。

しかし、秀衡は文治三年（一一八七）十月二十九日、六十六歳で死去してしまう。死因は脊髄炎とされ、おそらく落馬が原因ではないか、と考えられている。

泰衡はなぜ義経を討ったのか

秀衡《ひでひら》の死後、そのあとを継いだのは、次男の泰衡《やすひら》だった。長男国衡《くにひら》の母は身分の高くない女性だが、次男泰衡の母は前民部少輔基成《もとなり》の娘である。そうしたことから秀衡が死ぬ前に、泰衡を嫡子としていた。

では、秀衡の遺言は守られたのか。泰衡は当初、父の遺言にしたがい、義経《よしつね》を中心にして兄弟一致し、平泉の防衛に当たろうとした。しかし、泰衡には父秀衡のような器量はないし、やがて兄弟が互いに反目しはじめたこともあって、一族の結束は急にくずれていく。平泉の状況は一変してしまった。

その一方、頼朝《よりとも》の平泉にたいする態度も、秀衡の死を境により強硬になり、泰衡のもとには、盛んに「義経の首を差し出せ」といってくる。中央政府も泰衡と義経との間を裂こうとして、数度にわたって義経追討の宣旨《せんじ》を出し、泰衡にたいしても「義経を召し進むべし」と命じる始末だった。

泰衡もむろん奥羽の平穏と平泉の繁栄を望んでいた。このため、文治四年（一一八八）には、頼朝の強硬な態度をやわらげようと、貢馬、貢金、桑、糸などを鎌倉を経由して京都へ送る旨を約束し、「義経をかくまっているのは風聞にすぎない」と弁解したのである。

だが、その判断は甘かった。鎌倉の頼朝は、いっこうに強硬な態度を変えようとはしない。そればかりか、「義経を隠しつづけていると、同じように反逆にくみしたものとして誅罰《ちゅうばつ》を加える」と、恫喝してきたのだ。こうして文治三年（一一八七）暮れから文治五年（一一八九）春までの約二年間、頼朝と政府からの脅しや圧力が加えられつづけた。

その間、文治四年（一一八八）暮れ、頼朝は本格的な平泉攻撃の準備にとりかかっていた。さらに翌文治五年（一一八九）早々、中央政府に義経追討の断行をうながす一方、平泉に圧力をかけるために偵察兵を送り込んだ。

泰衡は決断を迫られる。しかし、もともと器量の小さい泰衡は、そうした圧力に動揺してしまった。義経と運命をともにすれば、平泉に未来はない。もはや平泉の独立を維持するには、義経の首を差し出す以外に道はない、と思い込んでしまったのである。

いくらむずかしい状況にあるとはいえ、これは泰衡の判断ミスだった。頼朝が「義経を捕えよ」「義経を差し出せ」といったのは、あくまでも口実にすぎない。もともと頼朝がねらっていたのは平泉政権そのものである。泰衡はそれを察することができなかった。

頼朝が放った偵察兵は「義経と忠衡《ただひら》が共謀して奥羽を押領《おうりょう》しようとしている」などと、さかんにデマや中傷を流す。たしかに、二十三歳の忠衡は本心から義経を尊敬し、その不遇に同情を寄せ、親身に義経に仕えている。それを知ってはいたものの、疑心暗鬼の泰衡にはその噂が本当のように思えた。

頼朝は文治五年（一一八九）六月九日、亡母の追善供養を行なうことを予定しており、中央政府にたいして、それまでに泰衡追討の宣旨をいただきたいと要請していた。ところが、その宣旨が下らないうちに、泰衡は行動を起こしてしまったのである。

閏四月三十日、泰衡は迷いに迷ったすえ、数百騎を率いて、衣川館《ころもがわのたち》にいる義経を襲ったのだ。義経の郎党たちはよく防戦したが、結局は敗れてしまった。義経の無念はいかばかりだったか。義経は持仏堂《じぶつどう》に入り、妻と四歳の女の子を殺し、自害して果てた。義経は三十一歳だった。

『吾妻鏡《あずまかがみ》』によると、義経の首は黒塗りの桶に、腐敗を防ぐために酒に漬けられたまま納め、これを二人の男がかつぎ、鎌倉めざして衣川を出発した。鎌倉・腰越《こしごえ》へ到着したのは文治五年（一一八九）六月十三日、義経の死後四十三日も経過していた。

落涙した人も多かったが、頼朝はそうではない。「頼りにして下った義経を討ったばかりか、頼朝の弟と知りつつ、院宣だからといって討ったのはけしからぬことだ」といい、義経の首を持参した泰衡の使者を切ってしまったのである。

泰衡は義経の首を差し出せば許され、奥羽は安泰と思っていたが、それは幻想にすぎなかった。頼朝が何度も「義経を差し出せ」と威嚇しながら、平泉攻撃に踏み切らなかったのは、ひとえに戦術の天才義経の存在を恐れていたからにほかならない。戦いの経験が豊富で、巧みな戦術を駆使する義経が平泉軍を指揮し、頼朝軍に立ち向かってくれれば、敗北するかもしれない。頼朝にはそうした一抹の不安もあった。

しかし、その義経はすでにこの世にはいない。もう恐れるものはない、とばかりに、頼朝は平泉攻撃へと踏み出すのである。

平泉はなぜ簡単に落ちたのか

義経《よしつね》をかくまった泰衡《やすひら》の罪は、義経の首を差し出したことで帳消しになったはずだった。したがって頼朝《よりとも》には、もはや平泉を攻撃する大義名分はない。それにもかかわらず、頼朝は「奥州の泰衡、日来与州《よしゅう》（義経）を隠容するの科《とが》、すでに反逆をおかすなり」として、中央政府に泰衡追討の宣旨《せんじ》を求めたのである。

当然ながら中央政府は、それを許すわけはない。泰衡は院宣にしたがって義経を討ったのだから、この件は決着している、と判断していたのだ。まして頼朝が平泉を落とし、その勢力が拡大しては困る。平泉政権を温存しておけば、鎌倉を牽制するのに好都合だ、というのが中央政府の本音だった。

では、なぜ頼朝は泰衡追討にこだわったのか。

平泉は鎌倉にくらべて、はるかにすぐれた文化と財力をもっているし、そのうえ巨大な軍事力もある。なにしろ「奥羽両国で十七万騎」といわれていたのだ。そうした平泉政権が関東の北にあるかぎり、いつ鎌倉がおびやかされるかわからない。頼朝にしてみれば、それはきわめて不快なことだった。だから「なんとか一刻も早く、平泉政権をたたきつぶし、奥羽を勢力下に入れてしまいたい」と、考えていたのである。

一方、泰衡は頼朝の強硬な態度にあせりを感じていた。義経を討ったのだから頼朝の怒りは解けたと思ったのに、まだおさまらない。そこで泰衡は文治五年（一一八九）六月二十八日、義経と仲のよかった弟の忠衡《ただひら》を殺してしまった。頼朝への忠誠心を示すためだった。

しかし、そんなことで頼朝の野望が消えるはずもない。むしろ平泉の軍事力がそがれて、頼朝は喜んだ。頼朝は政治的にもベテランであり、権謀術策は得意だが、泰衡には裏を読むだけの力もない。素直というか、政治的な駆引きにうといし、万事に甘かったのである。

頼朝は、これ以上院旨を待てないと、作戦会議を開く。老臣の大庭《おおば》景能《かげよし》は「院旨をいただかなくとも、奥州を征伐するのになんの問題がありましょう」という。中央政府を無視して平泉を攻撃しても、罰を受けることはあるまい、というのだ。頼朝はそれを聞いて、平泉攻撃を決断する。

こうして文治五年（一一八九）七月十九日、頼朝は院宣がないまま、泰衡討伐のため、強引に鎌倉を発進した。その軍勢は二十八万四千騎という大軍である。

三手に分かれて北上したが、東海道は千葉常胤《つねたね》、八田知家《はったともいえ》が率い、北陸道は比企《ひき》能員《よしかず》と宇佐美実政《さねまさ》、白河関《しらかわのせき》を越す中央道は頼朝自らが指揮をとった。七月二十九日には白河関を越え、奥州の平泉めざして、さらに北進したのだ。

それにたいして、泰衡率いる平泉軍は十七万騎である。兵力を分散してしまった。作戦がすぐれていれば、この兵力の差は問題にならない。ところが泰衡は、兵力を分散してしまった。

まず、現在の福島、宮城県境近くの阿津賀志山《あつかしやま》（厚樫山）に城壁を築き、堀をめぐらせて阿武隈川《あぶくまがわ》の水を引き、前線基地とした。ここに二万の兵を配し、中央道を北上してくる頼朝軍に備えたが、大将は異母兄の国衡《くにひら》である。

その後方、苅田《かりた》郡（宮城県南部）に城郭を築き、名取川と広瀬川に柵《さく》をめぐらせて第二陣とした。第三陣は国分原鞭楯《むちだて》（仙台市）で、泰衡はここで指揮をとった。

さらにその後方にも数千の兵を配置、北陸道にあたる出羽方面は在地の家臣が防御する、という態勢だった。これほど分散させるとは、拙策というしかない。

八月八日朝、頼朝軍は畠山重忠《はたけやましげただ》隊を先頭に、阿津賀志山に布陣した国衡らの平泉軍に攻撃をはじめた。激闘は二日間つづいたが、十日、頼朝軍が背後から奇襲をかけ、鬨《とき》の声をあげたため、国衡の陣営は混乱し、多くの兵が敗走してしまった。

地の利はあるし、もともと平泉軍は騎馬によるゲリラ戦が得意なはずだった。しかし、平和が長くつづいたせいか、それを忘れ、戦う意欲さえ失っていた。国衡も応戦するのをあきらめ、出羽へ逃れようとしたが、途中で馬が深田にはまったところを追手に討たれてしまった。なんとも不運なことである。

最前線が崩れ、国衡が非業の死をとげたという知らせは、後方の泰衡にもすぐ届いた。ところが、なんとしたことか、泰衡は防戦するそぶりもみせず、国分原鞭楯の本陣を放棄し、北の平泉へと逃走したのである。平泉の主として、これ以上の情なさもない。出羽方面でも戦闘があったものの、さほどの抵抗もなく、容易に突破されてしまった。

頼朝軍は休むことなく、平泉軍を追撃していく。平泉へ突入したのは八月二十二日である。ところがその寸前、泰衡は、初代清衡以来、苦心を重ね、築いてきた北の都、平泉に自ら火を放ち、出羽へ逃れていった。

廃墟と化した平泉の様子を『吾妻鏡《あずまかがみ》』はつぎのように記している。

「主はすでに逐電し、家はまた烟《けむり》と化し、数町の縁辺は寂莫《せきばく》として人なし。累跡《るいせき》の郭内《くるわない》は、みわたすかぎり滅して地あるのみ。ただ颯々《さつさつ》たる秋風、幕に入るの響を送るといえども、蕭々《しょうしょう》たる夜雨、窓を打つの声を聞かず」

金色に輝く都、いまいずこ。平泉の栄華も灰塵に帰したわけである。

泰衡は頼朝軍と戦った様子はないが、もし無抵抗の平和主義というのであれば、最初からそれを明確にうち出し、そのための行動を起こすべきであった。しかし、それをした様子もなく、頼朝軍に攻められ、あわてて逃げ出すばかりというのでは、家臣たちにしても泣くに泣けない。

しかも理解に苦しむのは、自ら平泉に火を放ち、逃亡しておきながら、頼朝の陣に投げ文をしたことだ。

「あなたの命令で義経を誅したのは、勲功というべきではないでしょうか。それにもかかわらず、罪なくして追われることは合点がゆきません。そのため累代の在所を去り、山林に隠れているのはまことに不便です。陸奥、出羽の二国が頼朝の支配地となったうえは、寛恕をたまわり、家臣に加えてください。それができなければ、せめて死罪とせず、遠島にしていただきたいものです」

これが八月二十六日のことである。降伏し、命乞いをする手紙だが、平泉政権を抹殺しようとする頼朝が許すはずもない。

出羽に逃れた泰衡は九月三日、贄柵《にえのさく》（秋田県大館市付近）に、家臣の河田次郎《かわだじろう》を頼って立ち寄る。ところが、河田次郎の裏切りによって、あっけなく討たれる。三十五歳だった。こうして奥州藤原氏は滅亡してしまった。

頼朝は志和《しわ》郡の陣岡《じんがおか》（岩手県紫波町）にいたが、九月六日、河田が持参した泰衡の首と対面する。頼朝はその首を八寸釘で磔《はりつけ》にした。陸奥、出羽の住民はこの戦いによって親兄弟や子供を失ったり、戦火を避けて山へ逃れたりした。とくに平泉を中心に戦場となった地域では、飢饉で苦しんだという。戦《いくさ》は残酷なものだが、それにしても、死んだ者の首の眉間に鉄釘を打ち抜き、磔にしてさらすとは、残酷きわまりない。

第五章　平泉にかかわる人びと

奥州藤原家の先祖・藤原秀郷とは

陸奥の原野に平泉という大都市をつくり出したのは、藤原清衡《ふじわらのきよひら》である。清衡の父は亘理《わたり》権太夫藤原経清《つねきよ》で、母は安倍頼時《あべのよりとき》の娘だ。経清の先祖は、平将門《たいらのまさかど》の乱で功のあった藤原秀郷《ひでさと》とされる。この藤原秀郷とは、どういう人物なのか。

秀郷は不比等《ふひと》の次子藤原房前《ふさまえ》にはじまる藤原北家の傍流で、祖父の代に下野国《しもつけのくに》(栃木県)に土着したという。生没年はわかっていない。俗名を俵藤太《たわらのとうた》といい、のちに大百足《むかで》退治の伝説を生む。

たしかなことは、下野国の豪族として、勢力を張っていたことだ。しかし、何かの罪があったらしく、延喜《えんぎ》十六年(九一六)八月十二日、一族十七人とともに配流された。その後も乱行があって、糾問《きゅうもん》されている。

秀郷が有名になったのは、平将門の乱で将門を討ち取ったことによる。将門の生年は不詳だが、下総国《しもうさ》(茨城県)豊田郡付近に勢力をもつ鎮守府将軍良将《よしまさ》(良持とも）の二男として生まれた。良将は桓武天皇の曾孫高望《たかもち》の子である。将門は父の死後、上洛し、左大臣藤原忠平《ただひら》に仕えた。

ところが、有力な後楯がないため、まともな官位にもつけず、下位の公家からも「東夷《あずまえびす》」と軽蔑されるほどだった。東夷とは「東国の野蛮人」という意味だ。そのうえ、伯父の国香《くにか》らに領地を横取りされるという事件が起こる。将門はあわてて帰国し、国香、良兼《よしかね》、良正《よしまさ》らの伯父に土地の返還を迫った。だが、三人は逆に、将門を亡き者にしようと画策したのである。

承平五年（九三五）、将門は妻の実家から本拠地の鎌輪に戻る途中、襲撃されてしまった。犯人は伯父の国香、その子貞盛《さだもり》の舅 源 護《みなもとのまもる》の三人の息子たちだった。難を逃れた将門はさっそく兵を挙げ、平国香と源護に、報復の戦いを挑む。

激戦のすえ、将門は源護の三人の息子を討ち、国香も殺してしまった。『将門記《しょうもんき》』によると「男女火のため薪《たきぎ》となる」という悲惨な状況だった。

これが将門の乱の発端である。もともとは私的な所領争いだったのだが、やがて一族はむろん、周辺の豪族をも巻き込み、広がってしまうのだ。しかも、途中で国家権力への叛乱に変わっていく。

承平八年（九三八）二月、武蔵国で国司の興世王《おきよおう》、源経基《つねもと》と、郡司の武蔵武芝《たけしば》との間に紛争が起きた。将門は武芝に加担したが、京へ逃げ帰った経基は翌年、中央政府に「将門らが謀反を企てている」と訴えたのである。

その後、天慶《てんぎょう》二年（九三九）十一月、常陸国司藤原惟幾《ひたちのこくしふじわらのこれちか》に追われた藤原玄明《はるあき》が将門を頼ってくる。将門は国司と交渉したが、拒否されたため、千人の兵を率いて常陸の国府を攻め、焼き払ってしまった。

将門は「兵を起こしたからには坂東を制し、やがては京へ攻めのぼり、天下に号令する」と決意。下野《しもつけ》（栃木県）、上野《こうずけ》（群馬県）の国府を破り、武蔵、相模を含めた坂東八か国を制圧していく。明らかに中央政府にたいして、叛乱を起こしたわけである。

将門は「新皇《しんのう》」を自称し、太政官あてに、天皇の位を占めたことを文書で送った。だが実際には、将門は各国の国府を占領しただけにすぎず、政治体制を確立したわけではない。

しかし、中央政府は動揺し、東海、東山諸国に将門追討を呼びかけ、京都からは征東軍を出発させた。

そこで登場するのが藤原秀郷である。当時、秀郷のもとには、国香の子貞盛が身を寄せていた。中央政府から将門追討の押領使《おうりょうし》に任じられた秀郷は、天慶三年（九四〇）二月十四日、貞盛とともに数千人の兵を率い、将門の征討に乗り出したのである。

ちょうど春の農繁期を迎え、農兵を帰郷させていたため、将門軍には四百人ほどの兵しかいなかった。それでも将門は、下総国猿島《さしま》郡石井《いわい》（茨城県岩井市）の北山に陣を張り、決戦を挑んだ。緒戦は勝ち進んだものの、やがて敗色が濃くなり、将門は流れ矢に射ち抜かれて死ぬ。このため、将門軍は総崩れとなった。

こうして足かけ六年におよぶ将門の乱は終息した。秀郷は四月二十五日、将門の首をかかげて入京。秀郷はこの軍功で、従四位下下野守に任じられた。その後、秀郷の子孫は小山《おやま》、足利《あしかが》、亘理《わたり》の諸氏として、北関東から東北地方にかけて広まった。

秀郷に関して『吾妻鏡《あずまかがみ》』は、こんなエピソードを伝えている。将門が叛乱を企てたとき、秀郷は様子をさぐるため、偽って門客《もんかく》になりたい、と頼み込む。ところが、将門は喜びのあまり、くしけずっていた髪を束ねずに出て対面したので、秀郷は将門の軽率さを見抜いた、というのである。

室町時代になると、秀郷は御伽草子《おとぎぞうし》の主人公になってしまう。『俵藤太物語』によると、弓矢の名手として知られていた秀郷はある日、瀬田橋の上に大蛇が横たわっていたにもかかわらず、臆することなく、大蛇をまたいで通った。大蛇は竜神の化神である。

竜神は秀郷の武勇を見込んで、近江（滋賀県）の三上山にすみついている大百足を退治してほしい、と懇願する。秀郷は引き受け、その大百足を退治してしまうのだ。すると、竜神はお礼として秀郷を竜宮に招き、黄金の太刀と鎧をあたえ、「これによって朝敵を追討すれば将軍になれる」と、告げる。

秀郷はその通り、竜神の助けによって平将門の秘密を見破って、討ち取ることができたという。もっとも、この大百足退治は伝説だが、それは秀郷の武勇が語り伝えられて、こうした物語になったと思われる。いずれにせよ、秀郷は武勇の人だった。

金売吉次とは何者なのか

承安四年（一一七四）の春、十六歳の遮那王《しゃなおう》はひそかに京都北部の鞍馬《くらま》山中から脱出した。幼いころ牛若《うしわか》と呼ばれ、やがて義経《よしつね》を名のる青年だ。

その手引きをしたのが金売吉次《かねうりきちじ》という謎の人物である。伝説によると、遮那王は金売吉次に連れられて、奥州平泉に向かったのだという。途中、近江国（滋賀県）の鏡の宿で強盗の群れに襲われたが、遮那王はその頭目を討ち、賊を追い払ってしまう。やがて尾張国（愛知県）の熱田で元服して義経と名のり、平泉で藤原秀衡《ふじわらのひでひら》と会うことになる。

金売吉次とはどういう人物なのか。生没年や出自は不詳だが、金売吉次は俗称で、橘次末春《きちじすえはる》とも名のった。また、信高と称したともいい、吉内《きちない》、吉六《きちろく》という弟がいたともいうが、定かではない。

「金売」と称したことからわかるように、吉次は金を扱う商人だった。藤原兼実《かねざね》の日記『玉葉《ぎょくよう》』には文治三年（一一八七）九月のこととして、奥州を中心に砂金を売買する商人が活躍したとある。金売吉次も奥州で金を手に入れ、それを京へ運び、売っていたのだろう。

京都西陣に首途《かどで》八幡宮があるが、義経がここから平泉に向かったので、その名がついたという。金売吉次はこの地に屋敷をかまえ、「大福長者」といわれる大金持ちだった、とも伝えられる。金という特殊な商品を扱っていただけに、利益が大きかったのは当然だ。

しかも吉次は、陸奥の砂金を京で売るだけではなかった。京で高級絹織物や調度品などを仕入れ、平泉へ運んで売ったのである。いわば仲介商業を営んでいたといっていい。

商人たちは京と平泉との間を大きな隊を組んで往来したが、吉次のそれは規模が大きく、数十頭もの馬の背に黄金や北方の名品を積み、数百人におよぶ人びとが警固して歩いたという。そのほか、吉次には中央の情報を収集し、平泉へ伝えるという仕事もしていたようだ。

『義経記《ぎけいき》』では、こんな話を伝えている。吉次は大福長者で、鞍馬の多聞天を信奉していたが、たまたま牛若を見て、「かどわかし参らせて、御供して秀衡の見参に入れ、引出物とりて徳つかばや」と考える。

つまり、牛若を秀衡のもとに連れてゆき、褒美をもらって儲けよう、というのだ。これではまるで強欲な人買いのようなものである。果たして、金売吉次がそのようなことをしただろうか。

ところで、吉次伝説は全国に広く分布しており、吉次を炭焼藤太《すみやきとうた》とする話が多い。たとえば、吉次の生誕地と伝えられる宮城県栗原郡金成町《かんなりちょう》には、つぎのような伝説がある。

むかし、この地に炭焼藤太という者が住んでいた。そのころ、京のあるお姫様が観音のお告げを聞き、はるばる炭焼藤太のもとに訪れ、夫婦になった。炭焼きを生業としているから、藤太の暮らしは楽ではない。

ある日、お姫様は大切に持参した砂金の包みを藤太に渡して、こういう。

「これで米や味噌など必要なものを買ってきてください」

だが、藤太は途中で池に鴨がたくさんいるのを見つける。これを捕えて、お姫様にご馳走しようと思いつく。藤太はさっそく鴨を捕《と》ろうとするが、棒切れもない。そこで砂金の包みを投げつけて、一羽の鴨を捕まえ、その鴨をぶらさげて帰ってきた。

お姫様は鴨を見て驚く。すると藤太は、もらった包みを投げつけて鴨を捕まえたことを得意そうに話したのである。

「なんという愚か者なんでしょう。あの包みは砂金といって、この世の宝なんですよ。あれがあると、なんでも買えるのに……」

お姫様はそういって嘆息する。ところが、藤太はそれを聞き、笑い出してしまった。

「あの黄色い石がこの世の宝なら、俺の炭焼きがまは宝だらけだ。いくらでもある」

それならと、二人で炭焼きがまを見にいったところ、なるほどあたりはすべて砂金だった。さっそく二人はこれを掘り、長者になった。やがて三人の男の子が生まれたが、その長男が金売吉次だ、という話である。

柳田国男によると、この炭焼長者物語は、北は青森県下北半島の尻屋、弘前から、南は沖縄にまで広く分布しているという。この伝説が沖縄にまであるのは、炭は鉱業に必要なものだったことから、もともと各地を歩く冶金《やきん》師などが金属精錬で長者になった話ではないか、と指摘している。

たしかに炭焼き、冶金師、鋳物師、金商人などは相互に交流があった。したがって、それらの漂泊民の話が融合し、吉次伝説へと発展したとも考えられる。

宮城県から岩手県にかけての金山に、金売吉次が金を掘ったところ、という伝説が多い。ともあれ、奥州藤原氏は砂金ばかりか、莫大な量の金を掘り、消費していた。当然ながら多くの金属技術者をかかえていたにちがいない。金売吉次は、その象徴的な存在だった、ともいえる。

なぜ西行は二度も平泉を訪れたのか

西行《さいぎょう》といえば、宗祇《そうぎ》や芭蕉《ばしょう》らに大きな影響を与えた旅の歌人として有名だが、生涯で二度、平泉を訪れている。

西行が生まれたのは元永元年（一一一八）で、父は佐藤康清《やすきよ》、母は源 清経《みなもとのきよつね》の娘である。名を義清《のりきよ》といい、西行は出家してからの名だ。佐藤家は平将門《たいらのまさかど》の乱で活躍した藤原 秀郷《ふじわらのひでさと》の子孫で、武士として代々京中の警固にあたる衛府《えふ》に仕えた。

義清は秀郷九世の孫といわれ、鳥羽院《とばいん》の北面《ほくめん》の武士として勇名をはせた。また、一方では和歌にすぐれ、流鏑馬《やぶさめ》や蹴鞠《けまり》などの故事にも通じる文化人でもあった。

ところが保延《ほうえん》六年（一一四〇）十月、二十三歳のとき、突然出家し、西行と名のった。出家の動機については諸説がある。切迫した無常感によるとか、鳥羽院《とばいん》女御《にょうご》だった美貌の藤原得子《とくし》に失恋したからだともいう。さまざまいわれるが、たしかなことはわからない。

出家したのち、西行は嵯峨の草庵に住み、和歌を詠んだり、仏道修行に励んだりした。さらに高野山、吉野山などに隠れ住み、その後は日本各地を遊歴しながら二千首以上の歌を詠んだ。こうして孤独と漂泊のなかで独自の抒情的歌風を確立したのである。

よく西行は仏道修行のために旅に出た、というふうにいわれるが、必ずしもそうとばかりいえない。西行の多くの歌からみると、仏道修行のために出家したというよりも、むしろ自由な生活、自由な精神を求めていたように思える。だから自然を友としながら、気のむくままに旅をし、さまざまな風物にふれて歌を詠みつづけたのではないだろうか。

西行の最初の旅は、北へ向かった。平泉へやってきたのは康治二年（一一四三）、西行が二十六歳のときである。

なぜ、西行は平泉を訪れる気持ちになったのか。むろん平泉は、北上川流域の砂金や良馬を産することで知られていたし、町の賑わいぶりも噂になっていた。おそらく西行は関東から北へ進む旅先で平泉の噂を耳にし、誘われるように訪れたのだろう。ロマンを求める心をかきたてられた、といってもいい。

当時、すでに初代の藤原清衡《きよひら》はこの世にいないが、基衡《もとひら》は三十八歳、子の秀衡《ひでひら》は二十二歳だ。西行は秀郷の血を引いているから、当然ながら同じ秀郷の子孫である経清《つねきよ》、その子清衡、さらに基衡、秀衡とは同族ということになる。こうした同族の消息を知りたい、という気持ちもあったのではないだろうか。

平泉では中尊寺が落成して十七年もたっており、華やかな文化の花を咲かせていた。数多くの民家が建ち並び、往来する人も多い。

東稲山《たばしねやま》には数万本という桜が植えられていたが、西行は一面に広がる桜の見事さに感嘆して、つぎのような歌を詠んだ。

「ききもせずたはしね山の桜花　吉野の外にかかるべしとは」

そのころの東稲山は桜の季節になるとじつに美しく、平泉の人びとは「京の東山」にたとえたほどだったという。

吉野山はむかしから桜の名所として有名だが、かつて西行が訪れたころの吉野山は十数万本ともいわれる桜で全山が彩られ、見事な光景だったようだ。西行も、

「雲にまがふ花の盛りを思はせて　かつがつ霞むみ吉野山」

という歌を詠んでいる。

先の束稲山の桜の歌は、その吉野と比較して、吉野のほかにこのような桜の名所があるとは信じがたいと、素直に感嘆したのである。西行はまた、桜と都を重ね合わせ、京都のほかにこれほどの都があろうとは、という驚きをこの歌に詠み込んだのかもしれない。

西行は基衡の知遇をえて、二年ほど平泉に滞在した。その間、乞われるままに恋歌百首を詠じたり、思ってもみなかった平泉文化に好奇心を刺激され、名所を見て歩いた。さらに北方の外ケ浜《そとがはま》（津軽半島の陸奥湾沿岸一帯）にまで足をのばしている。

二度目の平泉への旅は文治二年（一一八六）、西行が六十九歳のときだった。このような年齢で苦労の多い旅をし、平泉を訪れたのはなぜか。

それは東大寺の再建資金として、秀衡に砂金の勧進を願うためだった。治承四年（一一八〇）十二月二十八日、平重衡《しげひら》の軍が大挙して南都（奈良）を攻めた。夜になると、付近を明るくするため、重衡は民家に火を放つ。それがたちまち燃え広がり、東大寺も焼け落ちてしまったのである。

西行が旅に出る一年前の文治元年（一一八五）、平氏は源義経《みなもとのよしつね》に壇ノ浦《だんのうら》で滅ぼされ、戦乱は終わっていた。とはいえ、まったく不安や緊張がなかったわけではない。平氏滅亡後、頼朝《よりとも》と義経とが不和になり、義経は秀衡を頼って平泉へ落ちのびていく、という状況だった。

『吾妻鏡《あずまかがみ》』によると、文治二年（一一八六）八月十五日、西行は平泉への旅の途中、鎌倉で偶然に頼朝と出会う。頼朝は西行が名高い歌人と知って家に招き、一晩、和歌のことや弓馬のことを聞いた。最初はそっけなく答えていたが、頼朝があまりにも熱心に質問をするので、やむなく西行は弓馬のことを詳しく話した。

頼朝はそのお礼に銀製の猫を贈る。しかし西行は翌朝、出立するとき、門前で遊んでいる子供にその銀の猫をやってしまったという。

頼朝が釈放した由利八郎とは

平泉軍に由利八郎《ゆりはちろう》という武士がいた。詳しいことは不明だが、豪勇で知られる男だ。文治五年（一一八九）、頼朝《よりとも》が平泉攻撃をしたとき、北陸道の念種関口《ねんじゅがせきくち》で戦ったが、不運にも捕虜となった。

由利八郎は名だたる剛《ごう》の者だから、これを捕えたとなれば大手柄である。ところが、頼朝の家来二人が「生け捕《ど》ったのは自分である」と手柄を争い、決着がつかない。そこで九月七日、頼朝は梶原景時《かじわらかげとき》に命じて、八郎を尋問したのである。

場所は志和《しわ》郡陣岡蜂社の陣営で、前日の六日には泰衡《やすひら》の首が磔《はりつけ》になっている。陣営には無数の頼朝軍兵士が集まり、勝ち戦に酔いしれていた。そのような状況の出来事だった。

景時は白の直垂《ひたたれ》、折烏帽子《おりえぼし》、紫革の烏帽子懸といういでたちで、その態度には勝者の驕りがみえた。景時が尋問する。

「お前は泰衡郎従のなかでも、その名のある者だ。わざと偽りをいうようなことは、よもやあるまいが、本当のことをありていに申せ。お前を生け捕ったのは、どんな鎧《よろい》を着た者か」

景時の高飛車な口調に、由利八郎は色をなして抗議した。

「お前はそれでも鎌倉殿（頼朝）の家人《けにん》か。そのいい方は、まったく礼儀を知らない。あきれてものがいえないほどだ。故御館《みたち》秀衡《ひでひら》は秀郷《ひでさと》将軍嫡々の正統であり、三代みな鎮守府将軍の流れをくむ。お前の主人でも、そんな無礼な言葉を発することはできないはずだ。まして、お前とわしとは対等の身分であり、勝劣などない。武運つきて囚人となったが、これは勇士の常だ。鎌倉殿の家人というのを笠に着て、奇怪なことをいわれる筋はない。なおのこと尋問に答えることはできない」

由利八郎は、そういって口を閉ざしてしまったのである。景時は怒りに顔を赤くし、頼朝に「悪口ばかりいって答えないので、糾明できません」と報告する。しかし、頼朝は景時が無礼なことをいって、由利八郎を怒らせたのだろうと察し、今度は畠山重忠《はたけやましげただ》に尋問を命じた。

重忠は八郎を敷皮にすわらせ、礼儀を正して質問する。

「武士であれば、囚われの身となるのは珍しいことではない。頼朝の父義朝《よしとも》も平治の乱では非業の死を遂げたし、このとき頼朝は囚人となり、伊豆に流された。だが、運が向いて天下を手にすることになった。あなたも捕虜にはなったが、このまま埋もれる方ではあるまい。由利八郎といえば、奥羽にこの人ありと聞こえている。だからこそ、勇士たちも手柄を立てんものと、いい争っているのだ。事実をはっきりおっしゃっていただきたい」

八郎は重忠の誠意あふれる言葉に心を開き、素直に答えた。その結果、八郎を生け捕ったのは黒糸縅《くろいとおどし》の鎧を着て、鹿毛馬に乗った者、すなわち宇佐美実政《うさみさねまさ》であることが判明したのだ。

これで手柄争いは決着した。しかし、その報告を受けた頼朝は由利八郎に興味を抱き、呼び寄せて、自ら尋ねた。

「お前の主《あるじ》泰衡は陸奥・出羽両国に勢威をふるっていたから、討ち倒すのも困難だし、日数もかかると覚悟していた。だが、これという郎従もなく、河田次郎《かわたのじろう》一人のために殺されてしまった。陸奥・出羽両国を管領する十七万騎の頭《かしら》でありながら、百日ももたず、わずか二十日のうちに一族みな滅亡してしまった。取り上げていうほどの価値のない者だ」

手ひどく罵られて、八郎は冷静にこう答えた。

「殊勝な郎従も少しはしたがっていたが、勇壮な者は各地の要害に派遣され、老兵は行歩もままならず、心ならずも自害して果てた。わしのような不肖の者は生け捕られ、泰衡家臣の末席に連らなることもできない。

そもそも故義朝殿は、東海道十五か国を管領されていたとはいえ、平治の乱では一日も支えきれなかった。数万騎の主でありながら、長田庄司《おさだしょうじ》のためにたやすく殺されてしまった。これを比べて、甲乙つけられるだろうか。泰衡が支配していた者は、わずか奥羽両国の勇士である。それでも数十日もの間、鎌倉殿を悩ましつづけてきた。簡単に不覚者と片づけるべきではないのではないか」

これにはさすがの頼朝も返答できず、尋問を打ち切ってしまった。あとで頼朝は畠山に八郎を預け、「手厚くもてなすように」と命じたという。頼朝が由利八郎に平泉武士の典型を見て、命を許す気持ちになったのかもしれない。
その後、八郎は厨川柵《くりやがわのさく》（岩手県盛岡市）までつれていかれ、ここで釈放された。
由利八郎は出羽国由利郡の領地に帰ったといわれる。

マルコ＝ポーロは平泉を知っていたのか

十三世紀末、イタリア人マルコ＝ポーロは『東方見聞録』を書き、そのなかで「この国ではいたるところに黄金が見つかるものだから、人びとは誰でも莫大な黄金を持っている」などと、日本を「黄金の国ジパング」として紹介した。さらに、具体的にこうも述べている。

「ヨーロッパの教会堂が鉛で葺《ふ》かれているように、支配者の豪華な宮殿の屋根は、黄金で葺かれている。宮殿内の通路や部屋の床は、厚さ四センチの黄金の板を敷きつめてある。その価格はとても評価できないし、想像を超える豪華さだ」

日本は、このマルコ＝ポーロの『東方見聞録』によって、いちやくヨーロッパ中に「黄金の国ジパング」として知られるようになった。じつは、この「黄金の国ジパング」は、平泉がモデルではないか、ともいわれる。

それにしても、日本を訪れたことのないマルコ＝ポーロが、なぜ日本を「黄金の国」と認識していたのか、不思議である。マルコ＝ポーロは奥州平泉を知っていたのだろうか。

マルコ＝ポーロは一二五四年、イタリアのベネチアに生まれたが、一二七四年、二十歳のとき、父や叔父に伴われて元《げん》のカンブルク（北京）を訪れた。そこで元国初代皇帝フビライから歓待され、数年間滞在。その後、インド洋を経て、一二九五年に帰国した。のち、ジェノバとの海戦に従軍して敗れ、捕虜となった。その獄中で、同囚のルスチチャーノに口述したのが『東方見聞録』である。

マルコ＝ポーロは日本へやってこなかったが、中国で日本のこと、とくに奥州平泉の噂を耳にして、『東方見聞録』に記したのではないか。

奥州平泉の藤原家は豊富な砂金によって、三代の栄華をきわめた。実際、北上川流域では多量の砂金が採れ、平泉には金色堂で代表されるように、金が多く使われていたのである。伝説によると、中尊寺など黄金色の甍《いらか》がきらきらと輝いているので、産卵のために北上川を遡行する鮭がその輝きに驚き、逃げ帰ったという。

現在は、わずか金色堂にその面影を残すだけだが、藤原時代の平泉はまさに黄金の都だったにちがいない。

中国にもそのことは知れ渡っていた。十二世紀、平清盛《たいらのきよもり》は日宋貿易を推進したが、日本側の最大の輸出品は奥州産の黄金だった。もっともそれ以前から有名で、中国の歴史書『宋史』日本国伝にも、雍熙元年（九八四）のこととして、「奥州黄金を産す」と記されているから、当時の中国では奥州産の黄金が大きな関心を集めていたと思われる。

また、奥州藤原家では、一切経《いっさいきょう》を宋から購入するのに、なんと砂金十万五千両（約三・九四トン）を支払ったという。現在の貨幣価値では数十億円にもなる。この一切経は当然わが国で最高の輸入本であり、仏典の都とされた京都にもないものだった。

マルコ＝ポーロが中国を訪れたのは、奥州平泉の藤原家が滅亡して八十六年後のことである。それにもかかわらず、まだ奥州平泉の黄金については、なまなましく語り継がれていたのだろう。経典を買い入れるのに、あっさり四トン近くの黄金を支払った奥州平泉の藤原家の話をマルコ＝ポーロが聞き、日本を「黄金の国」と思い込んでしまったのも無理はない。

芭蕉が見た平泉はどんなだったのか

松尾芭蕉《まつおばしょう》も平泉とかかわりの深い一人である。

「夏草や兵《つわもの》どもが夢の跡」

この平泉で詠んだ句は、あまりにも有名だ。西行《さいぎょう》が平泉を訪れたとき、奥州藤原家は全盛を誇っていたが、芭蕉が平泉へ足を踏み入れたときは、すでに廃墟と化してしまっていた。

芭蕉は寛永二十一年（一六四四）、伊賀上野で生まれた。名を宗房《むねふさ》、通称甚七郎といった。藤堂良忠《とうどうよしただ》の近習となったが、良忠が蟬吟《ぜんぎん》という俳号をもつ俳人でもあったことから、その影響を受けて俳諧を志したといわれる。江戸にやってきたのは寛文十二年（一六七二）ごろである。

芭蕉がおくのほそ道への旅に出たのは、元禄二年（一六八九）三月二十日（太陽暦五月九日）のことで、門人の河合曾良《かわいそら》を伴っていた。芭蕉は四十六歳、曾良四十

史跡金鶏山（平泉観光協会提供）

一歳である。まず、舟で隅田川をさかのぼり、千住に上陸し、日光街道を北へ向かった。

はじめに「行春《ゆくはる》や鳥啼魚《とりなきうを》の目は泪《なみだ》」の句を詠み、旅日記を綴っていく。奥州一関《いちのせき》（岩手県）に五月十二日と十三日（太陽暦六月二十八日、二十九日）の二泊をしたが、その間に廃墟と化した平泉を訪れている。

文治五年（一一八九）、源《みなもとの》頼朝《よりとも》の軍勢によって平泉は炎上。それからすでに五百年も経過している。芭蕉が見たのは、たしかに「夢の跡」だった。平泉の廃墟に立った芭蕉は

『おくのほそ道』に、こう記した。

「三代の栄華も一睡のうちに過ぎ、大門《だいもん》の跡は一里ほど手前にある。秀衡館《ひでひらのたち》の跡は田野となってしまい、むかしのままの形を残しているのは金鶏山《きんけいざん》だけだ。まず、高館《たかだち》にのぼってみると、北上川は南部領から流れる大河である。衣川は和泉が城《じょう》をめぐり、高館の下で大河に合流する。泰衡《やすひら》の旧跡は、衣《ころも》が関《せき》を隔てて南部口をおさえ、蝦夷の侵入を防ぐように見えた。さて、よりすぐった義臣がこの高館にこもって功名をあげたのもつかのまのことで、いまは叢《くさむら》になってしまった。（杜甫《とほ》が詠んだように）〝国破れて山河あり、城春にして草青みたり〟という様子で、わたしは笠を敷いて腰をおろし、時の移るのも忘れて涙を落としていた」

往時をしのんでいる芭蕉の姿が目に浮かぶようだ。さらに芭蕉は、わずかに残る中尊寺の堂を見て歩く。つぎの一句も有名である。

「五月雨《さみだれ》の降り残してや光堂」

光堂《ひかりどう》とは、むろん金色堂《こんじきどう》のことである。芭蕉はその様子をこう記す。

「かねて耳にし、驚いていた光堂と経堂《きょうどう》が開かれていた。経堂には三将の像が残され、光堂には藤原三代の棺を納め、三尊仏を安置してある。七宝は散り失せ、珠玉をちりばめた扉も風に打たれて傷《いた》み、金の柱も霜や雪に朽ちて、すでに崩壊し、なにもない叢《くさむら》になるべきところなのに、堂の四面を新たに囲い、甍《いらか》で覆って風雨をしのいでいる。その結果、しばらくは千年の記念として残された」

四面を囲い、甍で覆って風雨をしのいだのは、光堂（金色堂）をすっぽり包むようにして建てられた覆堂である。これは正応元年（一二八八）、執権北条貞時《ほうじょうさだとき》と連署北条宣時《のぶとき》が金色堂を修理させ、そのとき建てさせたのではないか、と考えられている。そうだとすれば、芭蕉が見たとき、木造の覆堂はすでに四百年もたっており、かなり見すぼらしい状態だったにちがいない。

芭蕉はさらに奥羽山脈を横断して、日本海へ出る。陸奥と出羽の国境の少し手前に尿前関《しとまえのせき》があるが、この出羽越えで芭蕉はこんな句を読む。

「蚤虱馬《のみしらみ》の尿《しと》する枕もと」

尿前関を越えたものの、梅雨どきだったこともあって風雨がひどく、山中で封人《ほうじん》の家を見つけ、逗留する。封人とは国境を守る人で、この家は現存し、重要文化財に指定されている。しかし、芭蕉の句でわかるように、野生そのままという印象で、旅の苦労をうかがわせる。

芭蕉はその後、象潟《きさがた》（秋田県）まで北上し、そこから日本海側を西へ向いつづける。こうして九月三日、大垣にたどり着き、約二千四百キロにおよぶ徒歩の旅を終えた。

芭蕉は病弱だったため、苦労も多かったが、そのあと五年の歳月をかけて『おくのほそ道』を書き上げている。だが、出版されるのを見ることなく、元禄七年（一六九四）十月十二日、大坂で五十一歳の生涯を閉じた。

第六章　平泉の文化と暮らし

いつから金を産出したのか

奥州藤原氏の豊かな経済力を支えていたのは、北上山地から産出した黄金であり、平泉といえば「黄金文化の都」として知られる。この黄金は、いつ発見されたのか。もっとも古代の日本では、金の価値は知られていなかった。しかし、仏教が伝来し、盛んに仏像がつくられるようになると、その仏像に塗るために金が注目を集め出す。それでも奈良時代には、まだ「黄金はわが国に産出せず、他国から輸入するもの」と考えられ、朝鮮からの輸入に頼っていた。

天平《てんぴょう》十九年（七四七）九月二十九日、東大寺の大仏の鋳造がはじまったものの、大仏に塗る金が不足して作業が思うように進まない。そこで冶金《やきん》師を各地に派遣し、金を探させたのだが、そう簡単に発見できるものでもなかった。

そうしたさなかの天平二十一年（七四九）一月、陸奥国小田《おだ》郡（宮城県湧谷《わくや》町）で金が産出する。発見者の陸奥国司百済王敬福《くだらのこにきしけいふく》は二月二十二日、九百両の黄金を持参し、聖武《しょうむ》天皇に献納したのである。一両は四匁、約十五グラムだから、九百両といえば約十三・五キロである。

わが国初の産金だけに、聖武天皇の喜びは大きかった。四月一日には天皇みずから「三宝の奴《やっこ》」と称し、大仏殿に産金を報告。翌二日には叙位と大赦を発表した。発見者の敬福は従五位上から、いちやく従三位と、最高の賞与を受けたし、ほかの金発見関係者もそれぞれ昇進した。

さらに十四日には、産金を記念して年号を「天平感宝《てんぴょうかんぽう》」と改元し、つづいて七月二日には「天平勝宝《てんぴょうしょうほう》」と改めたのである。

調庸《ちょうよう》の免除も実施している。奥羽は三年間、他の国は二年間、調庸を免除したのだ。いくら金の発見が祝福すべきこととはいえ、慶祝のために全国の二年分の税を免除するなど、その後、現在にいたるまでないことである。

越中国（富山県）の国司で歌人の大伴家持《おおとものやかもち》は、産金の知らせを越中で聞き、「すめろぎの御代栄えむと東なるみちのく山に金《くがね》花咲く」という歌を詠み、献上したほどだ。

陸奥の黄金はたちまち中央政府の注目するところとなり、天平勝宝四年（七五二）には、それまで陸奥国の調庸は布で納めていたのに、国府のある多賀郡以北は黄金で納めるよう規定されたのである。

陸奥から金が産出することが知れると、多くの人びとが金を求めて陸奥の山に入り込んだ。奈良の大仏に使われた黄金は、合計一万一千九百四十六両二分。その大部分は多賀城《たがじょう》以北の土地から産出したといわれるが、このことからみても多数の人間が入り込み、黄金を採取したことがわかるだろう。

やがて坂上田村麻呂《さかのうえのたむらまろ》が征夷大将軍《せいいたいしょうぐん》として陸奥にやってくる。中央政府が「蝦夷《えみし》征伐」と称して、奥州侵略を進めたわけだが、これもつまりは金のためだった。こうして急速に北上川流域が開拓され、採金が盛んに行なわれた。この陸奥の黄金は陸奥のみならず、日本そのものを動かしたのである。

ところで、陸奥からどのくらいの黄金が産出し、貢納されたのか。むろん正確には明らかではないが、たとえば『延喜式《えんぎしき》』には陸奥の交易雑物のなかに砂金三百五十両が記録されているし、天暦年間《てんりゃく》（九四七〜九五六）、藤原倫寧《ふじわらのともやす》が国守だった五年間は、年産三千余両だったという。かなりの量を産出し、金の貢納が多かったことがわかる。

　こうして中央に集められた陸奥の黄金は、都市貴族の奢侈と文化を支える資金となった。つまり、宮廷や貴族の造仏、写経、奢侈工芸などに使われたのである。

　また、遣唐使や入唐僧が出発する際に黄金があたえられた。遣唐使の派遣が終わったあと、大宰府を介して日中の私的貿易がつづけられており、中国から交渉のために使節がやってくる。使節が帰国する際、陸奥産の金をおみやげに持たせたので、この金が中国でたいへん評判になった。

　したがって陸奥から金の献上が遅れると、使節へのおみやげにも困ることになってしまう。藤原実資《さねすけ》の日記『小右記《しょうゆうき》』には、天元五年（九八二）三月二十六日の項に「唐人が来朝して三年になる。早く答礼金をあたえて帰国させたらよい。金は他所から産出しない。奥州の特産である。また使者を出し、貢金の催促をさせよ」と記録されている。

陸奥の馬に人気が集まった理由は

平泉の特産物としてよく知られていたのは、金と馬である。奥州藤原氏の時代、陸奥国の北にある糠部《ぬかのぶ》はその全域が馬の牧《まき》（放牧地）といってよく、良馬を多く産した。

藤原清衡《ふじわらのきよひら》は後三年合戦で陸奥の支配権を手に入れたあと、寛治五年（一〇九一）、摂関家に貢馬《こうば》をもって結びつき、平泉政権の安定化をはかった。つまり、清衡は馬を政治に利用したわけだが、中央の貴族たちは競って陸奥産の良馬を欲しがったから、効果は抜群だった。

わが国の古代人は犬を狩猟に利用したほか、牛馬を乗り物や農耕などの労役に用いていた。牛も馬も朝鮮から輸入されたもので、もともとは小型だったという。やがて改良が進み、大型になったが、それでもまだ現在の馬に比べると小さい。

奈良時代には全国に官営牧場が設置され、軍馬や駅馬《えきば》の飼育が盛んだった。しかし、陸奥は世情が不安定なため、牧場は設置されていない。駅馬とは官用のために各駅に備えておいた馬で、交通手段とされたのである。

当時、陸上交通は歩くか、馬に乗るかだが、馬を使えば徒歩より楽だし、はるかに早く目的地に着くことができた。『万葉集』に「赤駒《あかごま》を山野に放し捕《はか》りかにて多摩の横山徒歩《かし》ゆか遣らむ」という歌がある。赤駒、すなわち赤毛の馬を山野に放ち、つかまえかねてしまったので、多摩の丘陵を歩いていかなければならない、という落胆した気持ちを詠んだものだ。このように馬を詠んだ歌は『万葉集』に多いが、それだけ馬が人びとの生活に深く関わっていた。

では、いつごろから陸奥で馬を飼うようになったのか。正確には不明だが、養老《ようろう》二年（七一八）、出羽と渡嶋《おしま》の蝦夷《えみし》が千匹の馬を献上し、褒賞を受けたという記録があるから、そのころすでに相当数の馬を飼育していたのだろう。

しかも、陸奥産の馬は良馬だから人気が高い。中央政府は延暦《えんりゃく》六年（七八七）、貴族や百姓が競争して蝦夷から馬を買うことを厳禁したが、いくら禁止されてもいい陸奥産の馬を欲しがる人は絶えなかった。

九世紀初頭のことだが、按察使《あぜち》の巨勢野足《こせののたり》は「権貴の家の使用人や富豪の者が馬を求めるために陸奥にやってきて、役人や土地の人びとに迷惑をかけている。馬の値段も高騰し、軍団の馬をととのえるのが困難だ」と訴え、ふたたび厳重な禁令を出すよう願い出ている。だが、中央政府は陸奥産の良馬を歓迎し、自ら陸奥交易馬と称して買い求めたほどだった。

その後、延喜《えんぎ》年間（九〇一〜九二二）、陸奥には牧場がなかったものの、駅馬として百六十九頭、伝馬三十頭が課せられた。出羽は駅馬百頭、伝馬十八頭である。これらは野に放し飼いしていた野馬だった。

平安末期になると武士の抗争が激化したため、軍用としての馬が重要視されるようになった。とくに騎馬による集団戦の効果が認められ、武将は競って陸奥産の良馬を手に入れようとしたのである。

とくに馬を効果的に使ったのは源《みなもとの》義経《よしつね》だった。陸奥産の名馬を駆使し、奇襲作戦でつぎつぎに勝利をえたのである。鵯越《ひよどりごえ》の奇襲で、藤原秀衡《ひでひら》からもらった三戸《さんのへ》産の「青海波《せいかいは》」に乗って活躍したのは有名な話だ。

寿永《じゅえい》三年（一一八四）一月二十日、宇治川の合戦で佐々木四郎高綱と梶原景季《かげすえ》とが先陣争いをしたのも、よく知られている。一番のりをした高綱が乗っていた馬は七戸産の「生月《いけづき》」、景季は三戸産の「磨墨《するすみ》」で、いずれも源頼朝《よりとも》からあたえられた馬だった。

つづいて行なわれた一の谷の合戦で、一番のりを果たした熊谷直実《なおざね》は平敦盛《たいらのあつもり》を討つ。この熊谷直実はわざわざ郎党権太を陸奥に行かせ、上絹二百疋で三戸産の太《だ》夫黒《ゆうぐろ》を買い、これに乗って戦功をたてたと伝えられる。

ところで、奥州藤原氏の騎馬軍団も有名だ。『吾妻鏡《あずまかがみ》』によると、文治《ぶんじ》五年（一一八九）七月、奥州攻めの源氏軍を迎え撃つ平泉軍は二十八万四千騎だった、と伝えている。すべてが駿馬ではないにしても、たいへんな数である。しかし、同じ『吾妻鏡』でも別のところでは「十七万騎」と記している。かりに十七万騎のほうが正しいとしても大軍勢だ。平泉にはそれだけ多くの馬がいたわけである。

平泉にミイラ信仰があったのか

藤原三代の遺体はミイラにして、埋葬されていた。一般的にいって、日本の埋葬方式にはミイラにする習慣はない。なぜ、藤原三代の遺体はミイラにされたのか。

かつて東北の古代人は蝦夷《えみし》といい、人種的には「蝦夷はアイヌ」とする説が主流を占めていた。とはいえ、その明確な証拠があったわけではない。そこで、蝦夷がアイヌなのかどうかを明確にするためもあって、昭和二十五年（一九五〇）三月、藤原三代のミイラ調査が行なわれたのである。

ミイラといえば、古代エジプトのそれが有名だが、古代エジプトでは霊魂の不滅という信仰に支えられて、ミイラづくりが発達した。

肉体は死んでも、霊魂である「バァ」と生命力である「カァ」は一諸に、生前と同じように生きつづける、と考えられていた。人間が死ぬと、バァは肉体を離れて自由に飛びまわるが、やがて本来のすみかである肉体に戻ってくる。しかし、そこに肉体がなければバァは帰る場所を失い、どこかへ消えていく。カァも肉体がないと、あてもなくさまよわなくてはならない。そのため、来世で生きるために絶対必要なものとして、死後の肉体がミイラにされたのである。

ミイラづくりは当初、自然まかせの単純な方法だった。砂漠に穴を掘り、そこに死者を葬ると、乾燥地だけに遺体が腐敗する前に水分を吸い取ってミイラになった。

人工的なミイラづくりが本格化したのは、大ピラミッド時代（前二六一三〜前二四九四）からである。まず遺体から内臓をとり出し、よく洗浄してから、樹脂をしみこませた布や香料をつめ、形をととのえて縫い合わせた。これを天然ソーダに漬けたあと、よく洗って麻の包帯を全身に巻きつけ、ゴムを塗る。これを木棺か石棺に納め、封印した。古代エジプトでは、こうして約五億体ものミイラがつくられたと伝えられている。

しかし、わが国ではこのようなミイラづくりは、ほとんど例がない。ただ、中国やカラフト（サハリン）などでは、かつて生前に偉大な業績を残した人をミイラにし、保存する風習があった。

とくにカラフトアイヌは偉大な酋長が死ぬと、その近親者が遺体の内臓や脳漿を取り除き、塩水をかけ、陽に当てて乾かす、ということを何度もくりかえし、ミイラにした。これは間宮林蔵《まみやりんぞう》の『北蝦夷図説』や、近藤重蔵《こんどうじゅうぞう》の『辺要分界図考』などにも紹介されているが、藤原氏の遺体をミイラにしたのは、その影響ではないか、という。

また、かつて中国では高僧の遺体をミイラとし、肉身仏として拝む風習があった。そうしたミイラ信仰が、いわば最新文化として中国から日本へ伝えられ、それが平泉で行なわれたのではないか、という説もある。

ところで、ミイラ調査は身長、頭型、鼻高、指紋、血液型などについて行なわれた。それによると、初代清衡《きよひら》は身長が約百五十九センチ、鼻すじが通っていて、やせ型だった。二代基衡《もとひら》は身長百六十五センチと大きく、肥満型。肩幅は広いし、胸も厚い。三代秀衡《ひでひら》は身長百五十八センチで、清衡に似た体型だった。

秀衡の棺には首桶が添えられてあった。当初、その首は、義経に味方し泰衡《やすひら》に殺された秀衡の三男忠衡《ただひら》のもの、と伝えられていた。しかし、切り傷が十六か所、額に貫通した刺し傷があることなどから、頼朝《よりとも》によって晒首《さらしくび》とされた四代泰衡のもの、と推定された。

また、三代のいずれも、身長や鼻高がアイヌよりかなり高いことがわかった。頭型は三代とも短頭型かこれに近い中頭型で、これも「日本人型」である。指紋は、アイヌは蹄状紋だが、三代とも日本人に特徴的な渦状紋だった。

血液型では、アイヌは典型的なB型人種とされるが、清衡はAB型、基衡はA型、秀衡はAB型、泰衡はB型だった。一般的に日本列島の血液型は西南型（A型）と東北型（B型）の二つに大別されるが、そうした点から藤原四代はその融合型と考えられている。

だが、ミイラ調査の結果でも、藤原三代のミイラがどのようにしてつくられたのか、明らかにされなかった。もっとも腹部は湾曲に切られていたし、後頭部にも穴があいており、内臓や脳漿はまったくない。そうした点で、人工的な処理がほどこされた可能性は濃厚だ。それにしても何のためにミイラにしたのか、いまだに謎に包まれたままである。

平泉が貿易国家だったのは本当か

藤原氏が栄えたのは黄金や鉄、馬などを産していたことともさることながら、全国的な物流システムがつくられ、確固とした経済的基盤ができていたからだ。

たとえば、基衡《もとひら》が京の仏師雲慶《うんけい》に仏像を注文したとき、砂金百両のほか、さまざまな珍しい品を謝礼として贈った。そのなかに「水豹《あざらし》の皮六十余枚」があったが、むろんアザラシは寒帯にすむ海獣で、陸奥では見られない動物だ。このような品を京へ送ることができたのは、北海道との交易が行なわれていたことを物語っている。

また、金色堂の巻柱などには、多くの夜光貝の貝殻が螺鈿《らでん》に使われている。夜光貝は巻貝の一種で、表面は緑色で数本の茶色の帯があり、内面は真珠のような光沢があって美しい。この貝は沖縄以南の海でしか採れず、当然ながら輸入品である。

須弥壇《しゅみだん》などには象牙が使われているが、それもインド象のそれではなく、アフリカ象のものだという。中国経由で輸入されたか、あるいは直接、アフリカへ出向いて手に入れたか、謎である。ほかに、薬用として犀《さい》の角《つの》なども運ばれていた。犀の角は解熱剤とされたのだ。

いま発掘調査が進んでいる柳之御所《やなぎのごしょ》跡からは、豊富な中国産の陶磁器も出土している。いずれにせよ、それほど交易が盛んに行なわれていたのである。

当時、外国の産物は九州の博多を通じて輸入されることが多かった。いわば博多は国際貿易港で、当初は大宰府が管理していたものの、やがて民間貿易が盛んになるにつれて、中国の貿易船は大荘園主などと、じかに取引きするようになった。この結果、陶磁器や錦、瑠璃《るり》、香料、経巻、生薬などが運び込まれた。

藤原氏は京都に平泉屋敷を建て、そこを拠点に買い入れたほか、博多からも直接買った。京都の平泉屋敷は清衡《きよひら》が建てたというが、いつごろのことか明らかではない。その場所は、現在の首途《かどで》八幡宮（京都市上京区）の付近と考えられている。平泉屋敷は交易のために使ったほか、政治や経済の情報を手に入れたり、都の文化を取り入れる窓口としての役割もあった。

物流には陸上ルートとともに、海上ルート、北上川ルートが盛んに利用されていた。とくに平泉は特別行政区であり、国家統制外の商業が行なわれていただけに、自由に人びとが往来し、物が動いたのである。

なかでも北上川の存在は見逃せない。北上川は陸奥国を縦断するように流れ、石巻湾にそそぐ。全長二百五十キロにおよぶ大河だが、古くから舟運が発達していた。胆沢城《いさわ》（岩手県水沢市）は延暦《えんりゃく》二十一年（八〇二）、征夷大将軍坂上田村麻呂《さかのうえのたむらまろ》が中央政府の前線基地として築いたものだが、当時、石巻湊からこの胆沢までの舟運があった。

奥州藤原四代が平泉に本拠をかまえ、独自の文化を築くことができたのも、北上川を往来する舟運の物流網があったからだ。もし北上川がなかったら、平泉文化の隆盛もなかったかもしれない。

北上川にそそぐ衣川《ころもがわ》は、中央政府が直接支配する領地と、蝦夷の国との国境線である。その衣川の北側、衣川地区はかつて奥六郡を支配した安倍一族の本拠地で、一族の屋敷が建ち並び、賑やかな町だった。

清衡が平泉に新しい町を建設するとき、館と屋敷、寺院を中心に町づくりをした。

その一方、安倍氏の本拠地だった衣川地区は、いわば商業地区として整備したらしい。北上川と衣川が合流し、しかも奥大道が通過する地点だけに、まさに水陸交通の要地で、ここに港がつくられていた、と考えられている。

おそらく、さまざまな物資や京都からの仏像なども舟に積まれて北上川を遡り、この港で荷揚げされたにちがいない。港の近くには市場があり、多くの人びとで賑わっていた。陸奥は安倍氏のころから貿易国家だったが、藤原氏の時代になって、いっそうその傾向が強まった。

塗師などの職人はいたのか

平泉は大都市だけに、職人も多く住んでいた。平安中期に成立した『宇津保物語《うつほものがたり》』は、四代にわたる琴の秘曲伝授の話と、多くの人びとの憧れの的である貴宮《あてみや》をめぐる求愛の話を軸に展開する長編物語だが、そのなかに紀伊国の「神南備《かんなび》の種松」という長者が登場する。じつは、この長者の広大な屋敷のなかに作物所《つくもどころ》があって、なかなか興味深い。

作物所とは、多くの職人を集めて、調度の製造、彫刻、鍛冶などの作業を行なう工房で、貴族や豪族の屋敷にあったといわれる。平泉にこうした作物所があったかどうかは不明だが、近年の発掘調査によって、柳之御所遺跡から鍛冶、大工、塗師《ぬし》、ガラス、服飾、曲げ物など、多様な職人がいたと思われる遺物の出土があいついでいる。

塗師はむろん、漆器をつくる職人だが、この漆芸は平泉でも盛んだった。もともと平泉周辺は漆《うるし》の産出が多く、漆そのものが都への献上品に加えられていたほどだ。

中尊寺にはすぐれた漆工芸品が多いが、なかでも注目されるのは金色堂で、金工とともに漆芸が重要な役割を果たしている。たとえば、天井は格天井《ごうてんじょう》になっていて、まず黒漆を塗り、そのうえに金箔が張られてある。

堂内の装飾には、錆朱地《さびしゅじ》の漆が塗られた。これは艶を出す技法で、まず地に朱を塗り、そのうえに、砥《と》の粉《こ》を水で練り、漆を加えて混ぜたものを塗っていく。

さらに柱は見事というほかない。中心部は檜材を束ねたものだが、そのうえに漆を塗った麻布を幾重にも巻きつけてあるという。さらに沃懸地《いかけじ》という技法で仕上げた。すなわち、表面を漆で塗り固め、これを粗目の鑢《やすり》でこすり、金粉を撒《ま》いたのである。

当時の筆さえも、軸は竹に漆を塗り、金箔で模様を描いた。平泉工芸には、このように漆と金でつくられたものが多く、しかも技術はかなり高かった。最初のころは京都から技術者を呼び寄せ、技術も中央のものに頼っていたが、のちには新しい工夫が加えられ、京都を超えた独特の平泉工芸を生み出した。その典型が金色堂である。

こうした漆芸の伝統をいまに伝えるのが秀衡塗《ひでひらぬり》である。特徴は内朱、外黒という魅力的な色調で、つやつや光る漆塗の椀や膳に、源氏雲、秋の草花、果実などを描き、そのうえに小さく刻んだ四つ菱の金箔を貼りつけたものだ。この四つ菱は、秀衡がこよなく好んだ、と伝えられる。

秀衡塗の発祥については不明だが、一説によると藤原時代、佐々木辰十郎という人が平泉の隣村、衣川村でつくりはじめたのが起源という。また別の説では、鎌倉時代に藤原時代の技法を模してつくったのが現在の秀衡塗の原型、ともいわれる。

素材はケヤキ、トチ、ホオノキで、二年から十年も自然乾燥させたものを使う。この原木を適当な大きさに切り、まず木地の粗削りをする。これをさらに乾燥させ、木地引き、地固め、磨き、塗り、四つ菱の金箔貼りなど、工程は四十ほどあって、完成までに三か月は要する。工程は単調だが、緻密さや根気が求められるだけに気は抜けないという。

いかにも北の工芸らしい秀衡塗だが、これを見ていると、栄えていた平泉の生活ぶりがしのばれる。

平泉ではどんな織物がつくられていたか

平泉は最盛期、十数万人もの人口をかかえる大都市だったから、それだけの人びとの衣生活を支える織物生産も盛んだった。では当時、平泉の人びとはどのような衣服を着ていたのか。

柳之御所遺跡から、多くの墨書《ぼくしょ》折敷《おしき》が出土している。これは折敷の底板に文字が書かれたものだが、そのなかに絹織物のリストがあった。それは狩衣《かりぎぬ》、水干《すいかん》、袴《はかま》、袍《ほう》などの装束で、「赤根染《しこんぞめ》」にされているものが多い。

狩衣はもともと狩猟用として布でつくられ、広く一般に着ていた。のちには絹でつくられたものが公家の平常服となった。盤領《まるえり》で袖《そで》にくくりがあり、脇を縫い合わせず、括袴《くくりばかま》をはき、裾《すそ》を袴の外に出した。鎌倉時代になると、これが武士の礼装となる。

水干は狩衣に似ているが、胸や背面などに菊綴《きくとじ》（組紐《くみひも》を菊花の形に結んだ装飾）

をつけることと、領に丸組紐をつけることがちがう。袍は束帯《そくたい》や衣冠《いかん》のときに着る盤領の上衣である。

赤根染の赤根は茜《あかね》のことで、根が赤いのでアカネと呼ばれる。わが国へは二〜三世紀ころ、中国から移植され、しだいに日本化し、山野に自生するようになったという。茜はわが国で最も古くから赤染《あかぞめ》の染料として使われてきた。たとえば、『魏志倭《ぎしわ》人伝《じんでん》』正始四年（二四三）に、「絳青縑《こうせいのかとり》」が登場するが、この「絳」が茜染だ。念のためにつけ加えると、青は藍染《あいぞめ》で、縑は地を細かく固く織った薄い絹織物である。茜で染めた赤はやや黄みが残っているが、古代日本の代表的な赤だった。奥州にもこの茜が多く自生し、盛んに「赤根染」が行なわれていたのだろう。

墨書折敷には「綾《あや》」という記載もあるが、綾とは綾織物である。平織であれば、経糸《たていと》と緯糸《よこいと》との交差点が縦横に連続するが、綾織物は斜めに連続して美しい綾をつくる。花鳥文や唐草文などは、織技法によってつくり出せる。

また、絹か布かよくわからないが、墨書折敷には織物の数量を記録したものもある。別のところ（第三章）でも書いたが、『吾妻鏡《あずまかがみ》』には、毛越寺《もうつうじ》の仏像をつくってもらうために、京の仏師雲慶に希婦《けふ》細布（鹿角郡産の狭布）二千反、白布三千反、信夫毛地摺《しのぶもじずり》千反、さらに生絹《すずし》、練絹《ねりぎぬ》をそれぞれ船三艘ずつ送った、という話が紹介されている。

布とは絹以外の織物で、当時はまだ木綿がなく、科《しな》や藤《ふじ》、葛《くず》などの樹皮から採った糸で織ったものや麻織物を指す。白布は晒《さら》して白くした布である。細美《さいみ》という布もあるが、これは織り目の細かい上質な布だ。

信夫毛地摺《しのぶもじずり》は信夫郡（福島県）特産の模様染である。毛地摺は綟摺とも書く。大きな石のうえに白い織物を広げ、そこに忍草の葉をのせ、うえから叩いて葉の汁を染めつけた。叩いて染めるため、葉がちぎれたり、曲がるなどして乱れた模様になる。そこから綟摺の名が出たともいう。

生絹は練っていない絹織物で、生成《きな》りのものである。練絹は練った絹織物だ。生糸は膠質《にかわしつ》で覆われているが、灰汁《あく》で生糸を煮ると膠質が取り除かれる。これを練るといい、絹特有の光沢やしなやかさが出てくる。いずれにせよ、平泉ではこのようにさまざまな織物が物産化するほどつくられていたのである。

さらに注目したいのは、柳之御所跡から完成品の物差しが出土していることだ。一寸ずつ十目盛り、つまり一尺の物差しである。全長約三十八センチ、幅約二センチだが、報告によると、一寸の目盛りが均等ではなく、三・六八〜三・八三センチとばらばらで、平均三・七三五センチという。このことから曲尺ではなく、裁縫尺(鯨尺)と考えられている。

こうしてみると、平泉に染色や製織、縫製などの工房があったことは明らかだ。『宇津保物語《うつほものがたり》』に登場する長者種松の話は先に紹介したが、織物の生産についてはつぎのように述べられている。

「百六十の蔵には、妻の私物だが、綾、錦、絹、綿、糸、縑などがたくさん納めてある。織物工房は織物所といい、多くの織機を設置し、二十人ほどの織手がさまざまな織物を織っている。また、糸所には二十人ほどの若い女がいて、糸を繰ったり、練ったりしているし、織物所でも三十人ほどの若い女が織物をしている」

平泉でもこのようにして織物が生産され、衣服がつくられていたのではないだろうか。

陸奥名産の檀紙とはどんな紙か

かつて陸奥国は檀紙《だんし》の名産地として知られ、平泉で使用したほか、京の摂関家《せっかんけ》にたいして、金や馬とともに、この檀紙がよく進物に使われた。そのほかさまざまな紙がつくられ、写経や文書などに用いたのをはじめ、漆《うるし》などを塗り、小箱や籠《かご》にされていたようだ。

写経といえば、中尊寺の経蔵には紺地金字一切経が現存する。これは宋版一切経を手本にして、紺色に染めた紙に、膠液《にかわえき》でといた金粉を筆につけて経文を書いたものだ。この紺地金字一切経は、秀衡《ひでひら》の発願によって基衡《もとひら》の冥福を祈るために書き納められた、と伝えられる。

紺地金字一切経は二千七百三十九巻あり、そのうち十五巻が紺地金銀交書経だが、いずれも国宝に指定されている。かつて藤原時代、宋版一切経五千余巻を砂金十万五千両で買い入れたが、これはその後、どうなったのか。

天正十九年（一五九一）、陸奥の各地で一揆が起こり、つづいて九戸《くのへ》政実《まさざね》が叛乱するという事件があった。秀吉の命で甥の秀次が鎮圧するために出陣したが、鎮圧後、秀次が中尊寺の宋版一切経を没収、高野山金剛峰寺《こうやさんこんごうぶじ》に寄進したと伝えられる。同寺には四千二百九十六巻が現存し、国宝に指定されている。

それはともかく、紺紙に金で文字を書いたというのは、美観もさることながら、防腐、防虫のためだった。損傷を避ける配慮である。この紺紙は平泉でつくられたかどうか不明だが、平泉にはすぐれた製紙技術があったから、紺紙をつくるのは容易だったろう。

わが国で良質の紙がつくられるようになったのは推古《すいこ》十八年（六一〇）三月、高《こう》句麗《くり》の僧曇徴《どんちょう》、法定《ほうじょう》が来日し、彩色（絵の具）や墨などとともに、紙の製法を伝えてからのことである。紙の製法は、それ以前に中国から伝えられていたが、技術的に劣悪で、高句麗の技術が伝来してはじめて、良質の紙が誕生した。

その結果、わが国の文化も大きく発展したわけである。また、のちに日本独特の流漉《ながしすき》という技法が開発され、製紙業が盛んになっていく。当初は官営の紙屋院でつくられたが、やがて紙の製造が地方にまかされるようになると、陸奥ではすぐれた檀紙を産するようになったのである。

檀紙というのは厚地で白く、紙の表面に菱形や縦横の細かいシワがあるのが特徴で、檀《まゆみ》の樹皮繊維でつくった。これをつくるとき、紙を二枚重ねて板に張り、上の一枚を手元に引くようにしてはがす。紙にはシワが生じるが、そのまま縄にかけて乾かすため、檀紙特有のシワが残る。

檀はニシキギ科の落葉灌木で、高さ五メートルほどに生長し、初夏に緑白色の小花を咲かせたあと、赤い果実をつける。陸奥にはこの檀が多く自生していた。檀紙をつくる条件が整っていたわけだ。

檀という名は、かつてこの木で弓をつくったことに由来するという。このため、檀紙は「まゆみのかみ」ともいうが、陸奥から多く産したので「みちのくがみ」とも呼ばれた。

檀紙の用途はさまざまだが、とくに男性が懐紙としてつねに所持し、詩歌を書くのに用いたと伝えられる。しかし、檀紙は古雅で重厚な印象もあることから、中央政府の儀式用にも使われた。陸奥以外でも盛んに檀紙をつくるようになったのは、室町時代のことである。

陶磁器やかわらけは何を物語るのか

柳之御所跡と伝えられる平泉の遺跡から、高さ九十センチ、胴の直径九十センチという大きな甕《かめ》が出土した。これは「渥美焼大甕《あつみやき》」と称され、愛知県渥美半島でつくられた陶器である。用途は不明だが、たんに飾り物というのではなく、日常生活で使われていた、と考えられている。

むろん、そのほかにも多くの渥美焼の甕や壺が出土した。また、三河湾をへだてて、渥美半島とは反対側の知多半島で焼かれた常滑焼《とこなめやき》の陶器も多い。

これら渥美焼、常滑焼の陶片のなかには蔓唐草、蓮花、花弁、木の葉など、線を刻みつけて植物文様を描いたものが目立つ。当時としてはすぐれた装飾技法で、いわば特別製の高級品だった。

平泉では財力にものをいわせて、こうした高級な陶器を買い入れていたわけである。それも、甕や壺のほか、鉢、碗、皿などさまざまな器があった。これらは船に積まれ、海を運ばれてきた、と考えられている。

さらに中国産の陶磁器も盛んに使われていた。かつて中国産の陶磁器は世界最高の水準にあり、遠くヨーロッパやアフリカにまで広く流通した。日本には八世紀ごろから伝えられたが、平泉の藤原家は博多ルートの民間貿易によって買い入れたわけである。

柳之御所遺跡から出土した中国産の陶磁器は、ほとんどが破片だが、白磁、青白磁、青磁など約三百三十点にのぼる。むろん、当時のわが国ではまだ白磁をつくることができない。だから垂涎《すいぜん》の的で、超高級品だった。

出土陶片にはとくに白磁、青白磁が多く、十二世紀の博多、京都などの動向と一致しているというから、平泉は輸入陶磁器でも時代の先端をいっていたのである。

白磁のなかでも珍しい四耳壺《しじこ》という壺の破片も多く出土したが、これは高級な輸入品のなかでも最高級に属する。しかも、他の地域での出土例はそれほど多くない。

こうしてみても、当時の平泉ではさまざまな高級陶磁器が使われていたことがわかるだろう。

では、すべて陶器は他国や外国から輸入していたのかというと、そうではない。平泉の周辺にも陶器を焼く窯《かま》があった。それを裏づけるのは、柳之御所遺跡から大量の「かわらけ」が出土したことである。

その量は、ざっと十二トン。枚数に換算すれば、おそらく二十万点を超すだろうといわれるほどの量だ。平泉周辺に窯跡は発見されていないが、この量からして、近くに窯があった、と考えるのが自然ではないだろうか。

かわらけとは「瓦笥」、すなわち食器に使う土器のことだが、具体的には手捏《てづくね》のうわぐすりをかけない素焼きの皿だ。京都の貴族たちが儀式や宴会の際に使い捨てにしたもので、地方にはなかったものだった。

それが平泉で多量に出土したのである。これは奥州藤原氏も、かわらけを盛んに使っていたということだ。そこには京都の貴族文化を取り入れようとした藤原氏の意欲的な姿勢がうかがえるが、そのためにおそらく多くの陶工たちを平泉に呼び寄せ、盛んに焼かせたことだろう。

当然ながら、かわらけは日常雑器としても使われたが、その多くは儀式、宴会用だったにちがいない。そうしたことから柳之御所遺跡のかわらけが多量に出土した場所は、日常の場というよりは、むしろ儀式の場であったのではないか、と考えられている。いずれにせよ、平泉から出土したおびただしい陶磁器は、平泉の豊かな生活の一端をかいま見せてくれる。

あとがき

平安時代の末期、十一世紀から十二世紀にかけてのことだが、奥州に平泉という大都市が栄えていた。近年、平泉は世界遺産に登録されたこともあって、関心を抱く人が多くなったようだ。

この地に〝王国〟と見紛うばかりの大きな政治勢力があった。奥州藤原氏、すなわち藤原清衡《きよひら》、基衡《もとひら》、秀衡《ひでひら》の三代である。四代泰衡《やすひら》を加え、奥州藤原四代とすることもあるが、泰衡の代には、すでに〝王国〟の崩壊がはじまっていた。

本書は奥州藤原四代の興亡と、平泉文化について記した本である。奥州藤原氏といえば、平泉で最期を遂げた源義経とともに語られることが多く、日本史のなかではさほど重視されることはなかった。

しかし、当時の平泉は豊かな富力によって繁栄を築き、わが国では京都につぐ第二の都市となっていた。そのうえ、京都とは異なる独自性、特異性に富む豊かな文化を持ち、たしかにある一つの時代を創造した、といっても過言ではない。

奥州藤原王国が崩壊したあと、中尊寺の諸堂は灰燼に帰し、平泉は廃墟となった。勝者の源頼朝は鎌倉に幕府を開き、征夷大将軍に任じられる。こうして鎌倉幕府の全国的な支配が整い、中世が開幕する。

では、奥州藤原氏が築き、維持した平泉政権はなんの意味もなかったのか。

平泉政権は、初めて地方に誕生した武家政権であり、鎌倉幕府の先駆をなすものとして重要な意味を持つ。さらに平泉文化は、たんに武家文化のみならず、京都の公家文化を取り入れ、いわば公家文化と武家文化を融合させて独自の文化をつくりあげた、という点でも、最初の試みだった。

しかも、北国ゆえの独自性もあるし、中国（宋）文化を取り入れるなど、視野の広さも持っていた。弘前大学の斉藤利男教授は、平泉政権の性格は琉球王国に似ていると指摘しているが、この見解は琉球王国についての著書をもつわたしにも納得できる。

わたし自身、北海道出身ということもあって、かねがね奥州藤原氏をはじめ、北の歴史や文化がもっと評価されてもよいのではないか、と考えてきた。そうした思いから二十年前、本書を書き上げた。河出書房新社から平成五年、『奥州藤原王朝の謎』（河出文庫）として刊行されたが、絶版となって久しい。

しかし、近年、読者からの問い合わせがくるようになった。そうした折、歴史春秋社の阿部隆一社長が本書を目に留め、復刊してくださることになった。ありがたいことである。本書は入門書的な歴史読物だが、この機会に近年の研究成果を学び直し、加筆して世に問うことにした。表題は『奥州藤原氏の謎』と改めた。

多くの文献を参考にさせていただいたが、先学の方々には深謝するばかりだ。さらに、阿部社長の御厚情と、編集を担当していただいた同社の須釜亜紗美さんに深く感謝する。

北の大地に根ざして登場した奥州藤原氏と、大きな花を開いた平泉文化は、興亡のドラマとして消え去ったのではない。いまもなお、みちのくにその足跡をとどめ、人びとのなかに脈打っているのではないだろうか。

平成二十五年十一月十八日

中江克己

奥州藤原氏関連年表

西暦（年号）	事項（＊印は全国の主な出来事）
七八〇　宝亀11	上治郡（宮城県）の大領（長官）伊治公呰麻呂が叛乱。多賀城が炎上する
七八九　延暦8	蝦夷の指導者・アテルイ（阿弖流為）が中央政府軍を大破
八〇二　延暦21	征夷大将軍・坂上田村麻呂が胆沢城を築き、奥州支配をすすめる。アテルイが降伏し、奥州の戦乱が終結
八一一　弘仁2	征夷大将軍・文室綿麻呂が蝦夷平定を報告
八七八　元慶2	出羽国の夷俘が蜂起し、秋田城を襲う（元慶《がんぎょう》の乱）
九三五　承平5	＊平将門の乱はじまる
九四〇　天慶3	＊藤原秀郷らが将門を討ち、将門の乱が平定

一〇五〇　永承5	安倍頼時は鬼切部（宮城県鳴子町鬼首）で、秋田城介平重成を先鋒として攻撃してきた陸奥守藤原登任《なりとう》と戦い、勝つ
一〇五一　永承6	源頼義が陸奥守として着任、頼時を追討する。前九年合戦がはじまる
一〇五三　天喜1	＊平等院鳳凰堂が落成
一〇五六　天喜4	頼時がふたたび叛乱し、頼義に頼時追討の院旨が下る。前九年合戦が再発。藤原清衡が生まれる
一〇五七　天喜5	頼時が鳥海柵（岩手県金ケ崎町）で戦死。子の貞任《さだとう》が抗戦し、頼義軍を大敗させる
一〇六二　康平5	貞任が頼義・清原武則連合軍に敗れ、厨川柵（盛岡市）で戦死。頼時の女婿で清衡の父、藤原経清が斬首される。前九年合戦が終わる。清衡の母が清原武則の長男武貞に再嫁する
一〇六三　康平6	前九年合戦の功によって、清原武則が鎮守府将軍に任命され、安倍氏の旧領奥六郡を支配下におさめる

一〇八三　永保3	清原家に内紛。家督をめぐって真衡と清衡・家衡とが争い、陸奥守源義家が介入する。後三年合戦がはじまる。真衡が病死
一〇八六　応徳3	清衡と家衡とが対立し、激戦となる ＊白河上皇。院政をはじめる
一〇八七　寛治1	清衡・義家連合軍が金沢柵（横手市）を攻略し、家衡と武衡は殺される。後三年合戦が終わる。清衡が清原氏の旧領を支配下におさめる
一〇八九　寛治3	清衡、陸奥押領使になる
一〇九一　寛治5	清衡が初めて上洛し、関白藤原師実に馬二頭を献上する
一〇九二　寛治6	陸奥守藤原基家、中央政府に「清衡が合戦を企てる」と報告
一〇九三　寛治7	出羽国で平師妙、師季が乱を起こす
一〇九九〜一一〇三　康和年間	清衡が豊田館から平泉に居館を移す
一一〇五　長治2	清衡、中尊寺の建立に着手。このころ、基衡が生まれる

一一〇七　嘉承2	中尊寺大長寿院が落成
一一〇八　天仁1	清衡、中尊寺金色堂など諸堂造営に着手 ＊浅間山が大噴火し、北関東は壊滅的な被害を受けた
一一一一　天永2	清衡、関白藤原忠実とその子忠通に馬を献上する ＊『今昔物語』が完成
一一二二　保安3	秀衡が生まれる
一一二四　天治1	中尊寺金色堂が完成
一一二六　大治1	中尊寺落慶法要が行なわれる
一一二八　大治3	清衡が死去
一一二九　大治4	基衡、兄の惟常と家督を争い、戦う ＊白河法皇が没し、鳥羽上皇の院政はじまる
一一三〇　大治5	兄に勝った基衡が二代当主になる
一一五一　仁平1	このころ、秀衡と基成の娘とが結婚する

一一五〇　久安6	*藤原忠実が嫡子の摂政忠通と義絶し、二男の頼長を氏長者にする
一一五三　仁平3	藤原頼長と基衡との間でつづいていた荘園の増税問題が解決
一一五五　久寿2	泰衡が生まれる
一一五六　保元1	*鳥羽上皇が没す。保元の乱起こる
一一五七　保元2	基衡が死去。秀衡が三代当主となる
一一五八　保元3	*後白河上皇が院政をはじめる
一一五九　平治1	*平治の乱が起こる
一一六〇　永暦1	藤原基成が陸奥に配流。娘婿の秀衡が平泉政権の政治顧問に迎える
一一六七　仁安2	*平清盛が武士では初めての太政大臣となる
一一七〇　嘉応2	秀衡、鎮守府将軍となる

一一七四　承安4	源義経が鞍馬を脱出し、秀衡を頼って平泉へ向かう
一一七七　治承1	＊鹿ヶ谷の陰謀が発覚、反平氏派が処罰される
一一七九　治承3	＊平清盛がクーデターを敢行、後白河法皇を幽閉し、政権を奪取する
一一八〇　治承4	義経、平泉を出発し、頼朝の挙兵に加わる
一一八一　養和1	＊平清盛が死去 秀衡、陸奥守となる
一一八三　寿永2	＊木曾義仲、倶利伽羅峠で平氏軍を破り、入京する
一一八四　元暦1	秀衡、東大寺に金五千両を寄進する
一一八五　文治1	＊義経が壇ノ浦で平氏軍を破る。平氏滅亡
一一八六　文治2	秀衡と頼朝との間で京への貢馬、貢金は鎌倉を経由することで合意が成立。西行が東大寺の鍍金料勧進のため、平泉に秀衡を訪ねる

一一八七　文治3	義経が平泉に亡命。秀衡死去
一一八九　文治5	泰衡、義経を衣川館に襲い、自害させ、弟の忠衡を殺す。阿津賀志山で平泉軍が頼朝軍に大敗し、国衡が戦死。泰衡は平泉に火を放って北へ逃れ、頼朝が平泉を占領。泰衡は比内郡贄柵（秋田県大館市）で郎従河田次郎に殺され、奥州藤原氏は滅亡

主な参考文献

竹内理三『日本の歴史⑥武士の登場』中央公論社
豊田武編『東北の歴史・上巻』吉川弘文館
森嘉兵衛『岩手県の歴史』山川出版社
森嘉兵衛『岩手をつくる人々・古代—近世篇・上巻』法政大学出版局
新野直吉『古代東北日本の謎』大和書房
高橋崇『蝦夷』中央公論社
高橋崇『蝦夷の末裔』中央公論社
関口明『蝦夷と古代国家』吉川弘文館
工藤雅樹『古代の蝦夷』河出書房新社
入間田宣夫・大石直正編『よみがえる中世⑦みちのくの都　多賀城・松島』平凡社
庄司浩『辺境の争乱』教育社

斉藤利男『平泉　よみがえる中世都市』岩波書店
高橋富雄『平泉』教育社
高橋富雄『奥州藤原四代』吉川弘文館
平泉文化研究会編『奥州藤原氏と柳之御所跡』吉川弘文館
黒沼芳朗・村井康典『平泉・夢の跡再生』岩手日報社
工藤雅樹『蝦夷と東北古代史』吉川弘文館
熊谷公男『蝦夷の地と古代国家』山川出版社
大石直正『奥州藤原氏の時代』吉川弘文館
斉藤利男『奥州藤原三代』山川出版社
高橋昌明『平清盛　福原の夢』講談社
渡辺保『源義経』吉川弘文館
『図説おくのほそ道』河出書房新社
『日本生活文化史③』河出書房新社
渡辺信夫『海からの文化　みちのく海運史』河出書房新社

■著者略歴

中江　克己（なかえ・かつみ）

北海道函館市生まれ。思潮社、河出書房新社などの編集者を経て、現在は歴史作家。歴史の意外な側面に焦点を当てて執筆をつづけている。

主な著書に、古代史関係では『邪馬台国と卑弥呼の謎』『古代七大王朝の謎』『「古事記」謎と真相』（以上、学研パブリッシング）など。ほかに『豊臣秀吉101の謎』『毛利元就101の謎』（以上、新人物往来社）、『戦国軍師の知略』（青春出版社）、『琉球王国49の謎』（廣済堂出版）、『歴史にみる日本の色』（PHP研究所）、『蝦夷、北海道の謎』『海の日本史』『徳川将軍百話』（以上、河出書房新社）など多数。

奥州藤原氏の謎

発　行／二〇一四年四月二十日
著　者／中　江　克　己
発行者／阿　部　隆　一
発行所／歴史春秋出版株式会社
〒九六五―〇八四二
福島県会津若松市門田町中野
☎〇二四二（二六）六五六七
印　刷／北日本印刷株式会社

歴史春秋社の本

会津が生んだ聖母
井深八重
星倭文子

会津藩家老・西郷頼母一族の家に生まれた井深八重は、看護婦となってハンセン病患者の看護にその生涯を捧げた。

歴史物語
新島八重の生涯
吉村　康

幕末から明治にかけて日本の黎明期を先駆的に生き抜いた会津の女人、新島八重。その知られざる生涯を描く。

会津武士道に生きた
伴百悦
中島欣也

時は幕末。新政府軍との戦いに敗れた若松城下に放置された会津人の亡骸一二八一体を、懸命に埋葬した会津武士・伴百悦の歴史物語。

幕末
会津藩
間島勲／中村彰彦ほか

幕末会津の激動の歴史を、写真をふんだんに用いて紹介。保科正之についてや藩校日新館ができるまでなどに関しても詳しい。